à vous!

bonheur good luck fortune
. happiness

paresseux lazy
bête stupid
laide ugly
désagreable

à vous!

FRENCH VOCABULARY
IN CONTEXT
FOR GCSE

Philippe Huyghebaert
32 2 513 3907
32 2 736 2420 office.

Luc Barthels
Jan Van Rijswijcklaan 132
2018 Antwerpen

32 3 248 1066
32 3 248 2505
32 478 239906

Neil
Creighton

Nelson

Thomas Nelson and Sons Ltd,
Nelson House, Mayfield Road,
Walton-on-Thames, Surrey,
KT12 5PL. UK

51 York Place,
Edinburgh,
EH1 3JD. UK

Thomas Nelson (Hong Kong) Ltd,
Toppan Building 10/F,
22A Westlands Road,
Quarry Bay, Hong Kong.

Distribution in Australia by
Thomas Nelson Australia,
480 La Trobe Street,
Melbourne, Victoria 3000,
and in Sydney, Brisbane, Adelaide and Perth.

ISBN 0–17 4391757
NPN 987654321
Printed and bound in Hong Kong

How to use À vous!

À vous is designed to help you learn all the vocabulary you will need to communicate effectively for GCSE French.

Each section looks at a different GCSE topic, taking every aspect in turn. Under each point you will find a list of all the vocabulary you may need to use. You will discover that it is much easier to learn and build up vocabulary by grouping it in this way.

The vocabulary is graded into three levels. This will enable you to pick out that which is most suited to your needs and will also help you when revising.

- Basic level: the most common words for simple communication.

•• Extended level: more difficult words for detailed expression.

••• Extra vocabulary: interesting and useful words which will help you enlarge your word power and express your personal views.

For each section of vocabulary you will find examples which you can practise reading with your partner. This will show you how to use and adapt the vocabulary you are learning to a real-life situation.

As well as covering all the GCSE topics, you will find practical advice on learning and remembering vocabulary on pages 158–60.

You can also use this book

★   as a handbook when visiting France

★   as a source of information on French life

★   when writing letters to a penfriend

★   as an aid for evening classes.

Contents

1 Mon nom, mon adresse et mon numéro de téléphone ▬▬▬▬
my name, address and telephone number

(a) Le nom *name* ──────────────────────────

●
s'appeler	to be called
le nom	name
le prénom	first name

●●
épeler ✓	to spell ✓

●●●
le surnom	nickname
surnommé	nicknamed
le nom de jeune fille	maiden name

●
Comment t'appelles-tu?
Quel est ton nom?
- Je m'appelle/Mon nom est Lynne Stevenson/Steve Mills.

Ton frère (ta sœur), comment s'appelle-t-il (-elle)?
- Il/Elle s'appelle Peter/Marie.

Quel est le prénom de ton père/ta mère?
- Il/Elle s'appelle Henry/Margaret.

Quel est le nom de ton footballeur/chanteur préféré?
- C'est John Dalglish/Michael Jackson.

●●
Est-ce que tu peux épeler ton prénom et ton nom?
- Oui, A-n-n-e . . . H-i-b-b-e-r-t.

●●●
Ton ami a un surnom?
- Oui, on le surnomme 'Fil de fer' parce qu'il est grand et maigre.

Quel est le nom de jeune fille de ta mère?
- Son nom de jeune fille est Richardson.

(b) L'adresse *address* ──────────────────────────
(See also geographical surroundings, 6)

●
habiter . . .	to live . . .
à	in (a town)
dans le	in (a county)
en /au	in (a country)
(dans) une maison	in a house (2)
la rue	street
la route	road
une avenue	avenue
le boulevard	avenue

●
Où habites-tu? Où est-ce que tu habites?
- J'habite (dans) une maison **à** Derby/**dans le** Lancashire/**en** Angleterre.

Quelle est ton/votre adresse?
- Mon adresse est 27 Market Street, Didsbury, Manchester.

Quel est ton code postal?
- C'est M16 3WZ.

le village	village	
la ville	town	
la grande ville	city	
le département	county area	
la région	region	
le pays	country *(1.3)*	
le code postal	postal code	

••

vivre (vis, *pres. tense*)	to live
demeurer	to live; to dwell
le domicile	place of abode; residence
chez	c/o (care of);
	'at the house of'

Quel est le nom de ta rue?
Ta rue, comment s'appelle-t-elle?
- Le nom de ma rue est Dorset Road.

••
Où est votre domicile?
- Mon domicile est à Luton, mais quand je travaille à Liverpool, je vis chez ma tante.

Est-ce que je peux vous/t'écrire?
- Oui, mon nom et mon adresse sont: Hélène Dubois, 27 rue du Font, 62200 Boulogne-sur-mer.

(c) Le numéro de téléphone   *telephone number*

(See also using the phone, 11.B; numbers, 17.3)

•

avoir le téléphone	to be on the phone
	(to have a telephone)
téléphoner à qn.	to telephone somebody

•
Est-ce que tu as le téléphone?
- Oui, j'ai le téléphone chez moi.

Quel est ton numéro de téléphone?
- C'est le 061 - 853 9285.
Zéro soixante et un . . . huit cent cinquante-trois . . . quatre-vingt-douze, quatre-vingt-cinq.
or neuf mille deux cent quatre-vingt-cinq.

2   Mon anniversaire
my birthday

•

un anniversaire	birthday
l'âge (m.)	age
avoir (15) ans	to be (15) years old
le mois	month
un an; une année	year
il y a	ago; there is;
	there are
venir de *(+ infin.)*	to have just *(17.1j)*
naître	to be born
je suis né(e);	I was born
tu es né(e);	you were born
vous êtes né(e)(s)	
jeune	young
vieux/vieil/vieille	old
âgé	old
aîné	older
cadet(te)	younger
le lieu; la date	place; date
la boum	party *la fête*
inviter	to invite
le(s) cadeau(x)	present(s)
le(s) gâteau(x)	cake(s)
s'amuser	to enjoy oneself
ensemble	together

•
Quel âge as-tu?
Tu as quel âge?
- J'ai quinze ans.

Ta sœur cadette, quel âge a-t-elle?
- Elle a quatorze ans.

Ton frère aîné, quel âge a-t-il?
- Il a vingt ans.

Ton frère Jean, quel âge a-t-il?
- Il vient d'avoir dix-huit ans.

Quelle est la date de ton anniversaire?
- C'est le 31 décembre.

Ton anniversaire tombe quel mois?
Quand est ton anniversaire?
- Il est en août.

Où es-tu né(e)?
- Je suis né(e) à Londres.

Généralement, est-ce que tu donnes/organises une boum pour ton anniversaire?
- Oui, j'invite tous mes amis et mes cousins, et nous nous amusons bien.
- Oui, nous allons tous ensemble chez McDonald's.

••		
de naissance (f.)	of birth	
le mineur	person under 18 *(Also: miner, 3.B.4)*	
tomber	to fall (on)	
offrir	to offer; to give as a present	
recevoir	to receive	
la montre	watch	
des boucles (f.) d'oreille	(some) earrings	
des vêtements (m.)	clothes *(10.3)*	les vêtements
de l'argent (m.)	money	
un appareil-photo	camera	

•••

être majeur	to be over 18
la maternité	maternity hospital
fêter	to celebrate
la bougie	candle

PROTECTION DES MINEURS

Les jeunes gens de moins de 18 ans ne sont acceptés qu'en compagnie d'adultes/ de personnes majeures

---

•• **•••**

Quand auras-tu (tes) seize ans?
- J'aurai seize ans le 25 février.

Quand as-tu eu dix-huit ans?
- Il y a deux mois . . . le 23 octobre.

Est-ce que tu es l'aîné(e) des enfants dans ta famille?
- Non, mon frère a trois ans de plus que moi.

En quelle année es-tu né(e)? *(17.2)*
- Je suis né(e) en mille neuf cent soixante-douze.

Quel est ton/votre lieu de naissance?
- Je suis né(e) à Stockport à la Maternité de Stepping Hill.

Quel jour tombe (est tombé/tombera) ton anniversaire cette année? (l'année dernière/prochaine)?
- Mon anniversaire tombe (est tombé/tombera) un mercredi. *fall*

Qu'est-ce que tu as eu pour ton anniversaire l'année dernière? Quels cadeaux as-tu reçus?
Qu'est-ce que l'on t'a offert l'année dernière pour ton anniversaire?
- On m'a offert une montre, des vêtements, de l'argent, un appareil-photo, des boucles d'oreille/une bague/un collier.

Comment as-tu fêté ton anniversaire?
Qu'est-ce que tu as fait pour ton anniversaire?
- Nous avons loué une salle dans un pub. J'ai eu un gâteau d'anniversaire avec des bougies.

Qu'est-ce que l'on t'a offert pour ton anniversaire?

Mm... pas grand-chose!

3 Mon pays d'origine
my country of origin

(a) Les pays *countries*

• ••		L'habitant*
La CEE: Communauté Économique Européenne	EEC: European Economic Community	La langue**
Le Marché Commun	The Common Market	L'adjectif
L'Europe	Europe	européen(ne)
La Grande-Bretagne	Great Britain	britannique
L'Angleterre	England	anglais(e)
LE Pays de Galles	Wales	gallois(e)
L'Écosse	Scotland	écossais(e)
LE Royaume-Uni	United Kingdom	
L'Irlande (du Nord)	(Northern) Ireland	irlandais(e)
La France	France	français(e)
La Belgique	Belgium	belge
L'Espagne	Spain	espagnol(e)
L'Allemagne	Germany	allemand(e)
La Hollande	Holland	hollandais(e)
LES Pays-Bas	the Netherlands	néerlandais(e)
L'Italie	Italy	italien(ne)
La Grèce	Greece	grec/grecque
LE Portugal	Portugal	portugais(e)
L'Inde	India	indien(ne)
LE Pakistan	Pakistan	pakistanais(e)
LES Antilles	West Indies	antillais(e)
La Suisse	Switzerland	suisse
L'Autriche	Austria	autrichien(ne)
••		
LES États-Unis	USA	américain(e)
LE Canada	Canada	canadien(ne)
•••		
LE Québec	Quebec	québécois(e)
LE Japon	Japan	japonais(e)
La Russie	Russia	russe
L'U.R.S.S. *(21,3)*	U.S.S.R.	
La Yougoslavie	Yugoslavia	yougoslave
La Tchécoslovaquie	Czechoslovakia	tchécoslovaque
La Pologne	Poland	polonais(e)
L'Australie	Australia	australien(ne)
La Nouvelle-Zélande	New Zealand	néo-zélandais(e)

*Note 1: The *adjective* and *language* start with a small letter:
J'ai trois cousines **p**akistanaises/**a**llemandes.
J'aime la musique **f**rançaise/**a**ntillaise.
Parlez-vous **a**llemand ou **e**spagnol?

The *inhabitant* starts with a capital letter:
Je connais deux **F**rançais.

**Note 2: . . . where applicable.

4

● ●●
Quelle est votre nationalité?
- Je suis anglais(e).

Quelle est la nationalité de ta femme?
- Elle est belge.

<table>
<tr><td colspan="2">How to translate 'to', 'in' or 'from' a country</td></tr>
<tr><td>Feminine countries to/in = EN</td><td>from = DE LA</td></tr>
<tr><td colspan="2">Elle va EN France. Il est EN Italie. Il vient DE LA Belgique.</td></tr>
<tr><td>Masculine countries to/in = AU</td><td>from = DU</td></tr>
<tr><td colspan="2">Elle va AU Pakistan. Il est AU Japon. Il vient DU Portugal.</td></tr>
<tr><td>Plural countries to/in = AUX</td><td>from = DES</td></tr>
<tr><td colspan="2">Elle va AUX États-Unis. Il est AUX Antilles. Il est revenu DES États-Unis.</td></tr>
</table>

(b) À l'étranger   abroad

●

un(e) étranger -ère	foreigner	
le passeport	passport	
la carte d'identité	identity card	
une pièce d'identité	identification (eg driving licence)	
la douane	customs *(8B.6)*	

Es-tu déjà allé à l'étranger? *(6.6)*
- Non, je n'y suis jamais allé.

Voudrais-tu travailler à l'étranger?
- *Oui*, je voudrais travailler en France.
- *Non*, je préfère trouver du boulot ici.

4   Ma famille et mes amis
my family and friends

(a) Beaucoup de monde!   *A lot of people!*

●

les parents (m.)	parents; relations
le père/papa	father/dad
la mère/maman	mother/mum
le mari	husband
la femme	wife; woman
le bébé	baby
un enfant	child
le fils	son
la fille	daughter; girl
unique	only (child)
le frère	brother
la sœur	sister
un oncle	uncle
la tante	aunt
un(e) cousin(e)	cousin
le neveu	nephew
la nièce	niece
les grands-parents	grandparents
le grand-père	grandfather
la grand-mère	grandmother
les petits-enfants	grandchildren
le petit-fils	grandson
la petite-fille	granddaughter
le côté	side

●

Combien de personnes y a-t-il dans ta famille?
- Il y a cinq personnes: mes parents, mon frère, ma sœur et moi.

Est-ce que tu as des frères ou des sœurs?
- Oui, j'ai deux frères et une sœur.
- Non, je suis fille unique/fils unique.

Est-ce que tu as beaucoup de cousins?
- Oui, j'ai trois cousines et deux cousins.

Et alors, combien de tantes et d'oncles as-tu?
- Eh bien, mon père a deux frères qui sont mariés, ma mère a une sœur qui n'est pas mariée. Ça fait trois tantes et deux oncles.

As-tu beaucoup d'amis?
- Oui, j'ai des camarades à l'école et beaucoup d'amis qui habitent près de chez moi.

Qui est ta meilleure copine?
- C'est Christine; je la connais depuis cinq ans.

Est-ce que tu as un petit ami/une petite amie?
- Oui, je sors avec lui/elle depuis deux ans.

Ton père que fait-il dans la vie?
Quel est le métier de ton père?
- Il est policier.

un(e) ami(e)	friend	
le copain; la copine	friend; pal	
un(e) camarade	friend; chum	
meilleur	best; better	
mon petit ami	my boyfriend	
ma petite amie	my girlfriend	
sortir avec	to go out with	
le/la fiancé(e)	fiancé(e)	
un(e) correspondant(e)	penfriend	

le métier	occupation (3.B)
faire dans la vie	to do (as a job)
travailler	to work
vouloir dire	to mean (to say)

●●

se marier avec qn.	to get married to somebody
épouser	to marry
un époux	husband; spouse
une épouse	wife; spouse
les beaux-parents (m.)	parents-in-law
le beau-père	father-in-law
la belle-mère	mother-in-law
la belle-fille	daughter-in-law
le gendre; le beau-fils	son-in-law
familial	(of the) family
vivant	alive
mort (mourir)	dead

●●●

décédé	dead
le frère jumeau	twin brother
la sœur jumelle	twin sister
le beau-père	stepfather
la belle-mère	stepmother

(see ●● above)

Ta mère est-ce qu'elle travaille?
- Bien sûr! Avec trois enfants elle a beaucoup de travail à la maison.

●●
Tu vas te marier?
- Oui, je vais me marier avec mon petit ami. Nous nous aimons beaucoup, mais nous allons attendre d'avoir fini nos études.

Tes grands-parents sont-ils toujours vivants?
- J'ai trois grands-parents: ma grand-mère maternelle/du côté de ma mère est morte/décédée (●●●).

●●●
Que signifie cette bague?
- C'est une bague de fiançailles.

Ça veut dire que vous allez vous marier bientôt?
- Oui, je suis très amoureuse de lui. Tout est bien sauf les relations avec mes futurs beaux-parents!

le demi-frère	half-brother
la demi-sœur	half-sister
un(e) orphelin(e)	orphan
les parents adoptifs	foster parents
la bague (de fiançailles)	(engagement) ring
une alliance	wedding ring
signifier	to signify; to mean

(b) La situation de famille *marital status*

●

marié	married
divorcé	divorced
séparé	separated
être fiancé	to be engaged

●●

célibataire	single
le veuf	widower
la veuve	widow
le sexe: masculin/ féminin	sex: male/ female

●●●

un(e) concubin(e)	common law husband (wife)
l'état civil	civil status
le bureau de l'état civil	registry office

● ●●
Ton frère, est-il marié?
- Non, il est fiancé/il est célibataire/il est divorcé depuis deux ans. Il va se marier en août.

Que faites-vous pendant les vacances de Pâques?
(14.3a)
- Mon frère et moi allons passer quelques jours chez tante Hélène. Elle est veuve et très seule, mais elle est très gentille avec nous.

(c) Ce que j'aime, je préfère, je n'aime pas   *what I like, prefer, don't like* _____

●	
aimer bien	to like
aimer	to love
adorer	to adore; to love
préférer;	to prefer
aimer mieux	
détester	to hate

●●	
plaire	to please
l'amour (f.)	love
(bien) s'entendre	to get on (well)
avec	with
avoir envie	to feel like doing
de (+ infin.)	
avoir horreur	to hate doing
de (+ infin.)	

●●●	
être amoureux	to be in love with
-euse de	

	● ●●
To like: (+)	J'**aime** aller à la piscine. Ça me **plaît** de faire du ski. J'**aime bien** jouer au football/mon professeur.
To love: (+)	J'**aime** mon mari/ce camping. J'**adore** mon mari/ce film.
To dislike:	Je **n'aime pas** les chiens.
To hate:	Je **déteste** ce type-là.
To hate doing something:	J'ai **horreur de** faire mes devoirs.
To prefer:	Je **préfère** son frère. J'**aimerais mieux** aller au cinéma.
To feel like doing something:	J'ai **envie d**'aller en ville.

5 L'aspect physique
physical appearance

● ●●	
avoir l'air; sembler;	to look; to seem;
paraître	to appear
ressembler à	to look like
semblable à (qn.)	like (somebody)

●	
joli	pretty
beau/bel/belle	beautiful; good looking
laid	ugly
vieux/vieil/vieille	old
jeune	young
grand	tall; big
petit	small
fort	stout; 'large'
gros(se)	fat
mince	slim
sportif -ive	sporty
les lunettes (f.)	glasses
le visage	face
pâle	pale
rose	pink
les vêtements (m.)	clothes *(10.3)*
porter	to wear; to get dressed

●

Décris-moi ta sœur.

- Elle est assez grande, elle a les cheveux blonds et bouclés. Elle s'habille bien et elle est très élégante. Elle ressemble à ma mère.

Et ton frère?

- Il est petit, avec les yeux marron. Il a le visage pâle et il porte des lunettes.

●●   ●●●

Est-ce que tu peux me décrire ta petite amie?

- Oui, elle est très jolie. Elle mesure 1.65 metres. Elle a une belle silhouette, et s'habille à la mode. En fait, elle est très mignonne, et très chic.

Et peux-tu te décrire? *Je vais essayer*

- Oui, je vais essayer! J'ai les cheveux brun clair et les yeux gris vert. Je suis bronzé parce que je viens de rentrer de l'Espagne. Je ne suis pas très mince . . . je dois suivre un régime/ il faut que je perde du poids, parce que j'ai trop mangé pendant mes vacances!

Et ton fiancé. Peux-tu me le décrire?

- Oui, il est large d'épaules et bien bâti parce qu'il fait beaucoup de sport. Il a des taches de rousseur sur le visage et bien sûr il a les cheveux roux!

s'habiller	to dress; to get dressed
élégant	elegant; smart
chic*	smart; elegant
à la mode	fashionable -bly

● ●●

la couleur	colour (10.3.c)
les cheveux (m.) . . .	hair
blonds	blond
roux	red
noirs	black
bruns	brown
brun clair*	light brown
brun foncé*	dark brown
longs	long
courts	short
bouclés; frisés (●●●)	curly
châtains (●●●)	chestnut
un œil	eye
les yeux . . .	eyes
bleus	blue
gris	grey
verts	green
marron*	brown
bleu clair*	light blue
gris vert*	grey green
noisette*	hazel

* invariable

●●

la peau	skin
bronzé	tanned
la taille	waist; height; size (10.3.g)

●●●

mesurer 1.65m	to be 1.65m tall
la silhouette	figure
fin	delicate; slender
large d'épaules	broad-shouldered
carré; bien bâti	well-built
être au régime; suivre un régime	to be on a diet
perdre du poids/ quelques kilos	to lose some weight/a few pounds
maigre	skinny
les traits (m.)	features
les taches (f.) de rousseur	freckles
vilain	ugly
mignon(ne)	'sweet'; pretty

to follow

6 Le caractère et la personnalité
character and personality

●

agréable	pleasant
amusant	funny; amusing
drôle	funny; strange
charmant	charming
poli	polite
sympa(thique)	nice; likeable
gentil(le)	nice; kind
aimable	nice; pleasant
aider à	to help
rire	to laugh
sourire	to smile
calme	calm
sûr	sure; reliable
normal	normal
content (de)	content; pleased (with)
heureux -euse	happy
de bonne/mauvaise humeur	in a good/bad mood
insupportable	unbearable
fou/folle	foolish; silly; mad
affreux -euse	awful
inquiet -iète	worried
triste	sad
pleurer	to cry
méchant	naughty; spiteful
timide	shy

●

Comment est ton père?
- Il est très gentil, il sourit toujours, et en général il est de très bonne humeur.

Qu'est-ce que tu penses de ton frère aîné?
- Il est intelligent et très sérieux; il étudie tout le temps. Il est aussi gentil envers(●●●) moi; il m'aide à faire mes devoirs.

Est-ce que tu aimes ton professeur de français?
- Non, je le trouve très ennuyeux.
- À mon avis il est très sympa, et souvent amusant.
- Il est souvent de mauvaise humeur, surtout quand nous ne sommes pas sages.

●　　●●

Et ta grand-mère, comment est-elle?
- Elle a l'air triste. Elle vit seule.

●●

Décris-moi ton meilleur ami (ta meilleure amie).
- Mon ami Jean est optimiste et il a confiance en lui-même. On peut compter sur lui. Je crois qu'il va réussir dans la vie; il est très habile dans tout ce qu'il fait.

intelligent	intelligent		
étudier	to study		
sérieux -euse	serious		
ennuyeux -euse	boring		
à mon/son avis	in my/his opinion		
penser	to think (13.C.4)		
trouver	to find		
meilleur	better; best		
souvent	often		
surtout *especially*	especially		
seul	alone; lonely		

Qui est la personne que tu aimes le moins?

- Oh, c'est mon voisin. Il est bizarre, celui-là! Il est jaloux et se méfie de tout le monde. En fait, il est absolument insupportable.

that one

●●●

Lequel de tes amis aimes-tu le mieux?

- Sans aucun doute c'est Claudette. Elle a un très grand sens de l'humour/elle a bon caractère, et elle plaisante tout le temps.

Pourrais-tu me décrire ta personnalité?

- Oui, mais c'est assez difficile! J'ai une attitude positive envers la vie, je suis décontracté et je suis consciencieux . . . sans être névrosé, j'espère!

towards

Crois-tu que tu as l'esprit large?

- J'espère que oui. La tolérance est une vertu très importante.

generation gap

Y a-t-il un conflit des générations chez toi?

- Non, mes parents sont très jeunes d'esprit et nous nous entendons bien.

●●

vivre (vit, *pres. tense*)	to live
bizarre	strange
désagréable	unpleasant
dégoûtant	disgusting
pessimiste	pessimistic
optimiste	optimistic
la confiance	confidence
avoir confiance en	to have confidence in
se méfier de qn.	to distrust someone
se fier à qn.	to trust someone
fier -ière	proud
jaloux -ouse	jealous
paresseux -euse	lazy
mécontent de	dissatisfied with
malheureux -euse	unhappy
l'humour (m.)	humour
honnête	honest; courteous
naturel(le)	natural
capable	capable
habile	skilful
curieux -euse	curious; nosey
la curiosité	curiosity
compter sur	to count on
croire	to think; to believe
réussir	to succeed
exagérer	to exaggerate

●●●● *se détendre* — *to relax*

envers	towards
la disposition	disposition
le tempérament	temperament
la personnalité	personality
le sens de l'humour	sense of humour
décontracté	relaxed
marrant	very funny

gai	bright, cheerful
plaisanter	to joke
la plaisanterie (●●)	joke
l'attitude (f.)	attitude
positif -ive	positive
la tolérance	tolerance
la vertu	virtue
l'imagination (f.)	imagination
consciencieux -euse	conscientious
l'esprit (m.)	mind
avoir l'esprit large	to have a broad mind
à l'esprit étroit	narrow-minded
obstiné; têtu	obstinate
maladroit; gauche	clumsy *maladroit gauche*
oisif -ive	idle
étrange	strange
énervé	edgy; irritated
tendu	highly strung
névrosé	neurotic
le conflit des générations	generation gap
gâté	spoilt (child)

7 Les gens
people

●

la personne	person
la femme	woman; wife
la dame	lady
un homme	man
le monsieur	gentleman
M., Mme., Mlle.	(See 14.4.a modes of address)
le garçon	boy

la (jeune) fille	girl
le jeune homme	young man
tout le monde	everybody
un groupe de	a group of
un(e) voisin(e)	neighbour

●●

un individu	individual

●●●

le gars	young lad
le mec; le type	guy (21.1)

8 Les animaux familiers
pets

un(e) chien(ne)	dog
un(e) chat(te)	cat
le lapin	rabbit
la souris	mouse
le hamster	hamster
un oiseau	bird
la perruche	budgie

●●

le cochon d'Inde	Guinea pig

●●●

le chaton	kitten
poilu	furry
le perroquet	parrot
la gerbille	gerbil
le poisson rouge	goldfish

vivre et dormir *living and sleeping*

●

la boîte	box
le carton	cardboard box
le panier	basket

●●●

la niche	kennel
le clapier	hutch
la paille	straw
la cage	cage
le bocal	goldfish bowl
un aquarium	fish tank

donner à manger *feeding*

●

de la viande	meat
des biscuits (m.)	biscuits

●●●

de la laitue	lettuce
des graines (f.)	
pour oiseaux	bird seed
le mélange pour perruche	budgie mix
des aliments (m.) pour chien/chat	dog/cat food
des os (m.)	bones

●

Est-ce que tu as un animal familier chez toi?
- Oui, j'ai un chien et deux souris. J'adore les animaux.
(●●) - *Non*, mes parents ne veulent pas que j'aie un animal. Ils disent qu'ils sont sales.
(●●●) - *Non*, mon frère a de l'asthme et mes parents m'ont interdit d'avoir un animal poilu, mais j'ai un poisson rouge!

Qui s'occupe du chien chez toi?
- Ma mère et moi; je lui donne à manger le matin et le soir, et je le promène avant d'aller à l'école.

Comment s'appelle-t-il?
- Il s'appelle Sooty/Noiraud.

Décris-le.
Comment est-il?
- Il est grand/petit *(5 above)*; il est gris/blanc *(10.3.c)*.

Qu'est-ce qu'il mange?
- Il mange de la viande/des céréales/des biscuits/des aliments pour chats.

Ton animal, où dort-il?
- Il dort dans un panier/dans une niche/dans un clapier.

Où vit-il?
- Il vit dans une cage/dans un bocal/un aquarium.

L'INTERVIEWER: 'TES ANIMAUX....
QUE MANGENT-ILS?'

LE PETIT MAÎTRE :'MÉDOR PREND
UN STEAK-FRITES, MINET PRÉFÈRE
DU SAUMON, ET JACQUOT MANGE
DU MAÏS!'

1 Les types d'habitations
types of dwellings

●

la maison	house
un appartement	flat
un immeuble	block of flats
une HLM	council property
(Habitation à loyer modéré)	
le bâtiment	building
la tour	tower
un étage	floor; storey
acheter	to buy
vendre	to sell
louer	to rent; to hire
habiter	to live in (house)
habiter (à)	to live in (town)
le logement	accommodation; board

●●

loger	to stay at; lodge
le domicile	place of residence
le loyer	rent
le prix de location	(cost) of rent
un(e) propriétaire	landlord; landlady; owner
emprunter	to borrow
prêter	to lend
déménager	to move house
s'installer	to move in
vivre	to live
demeurer	to live; to dwell

●●●

la maison particulière	private house
le bungalow	bungalow
le studio	small flat; bed-sit
un emprunt	loan
une hypothèque	mortgage
la résidence secondaire	summer/weekend home
emménager	to move in
l'emménagement (m.)	moving in

●

Tu habites quelle sorte de logement?
- J'habite une maison/un appartement.

Ton appartement est dans un immeuble?
- Oui, dans une grande tour/un grand bâtiment de 25 étages.

Tu préférerais habiter une maison?
- Oui, mes parents louent notre appartement, mais nous espérons acheter une maison l'année prochaine.

●●

Est-ce que vous vivez chez vos parents?
- Non, je travaille à Nancy et leur domicile est à Nice.

Qu'est-ce que vous avez comme logement?
- Je loge dans une famille. Le propriétaire est très sympa, mais le loyer est cher.

Vous avez vendu votre maison?
- Oui, nous allons déménager lundi prochain.

●●●

Marie, Jean vient d'emménager dans une maison particulière.
- Ça me surprend. Est-ce qu'il a gagné à la loterie nationale?
- Non, il a fait un emprunt/il a pris une hypothèque à la banque.
- Par exemple! Bientôt il aura une résidence secondaire!
- Il l'a déjà; du moins un très joli studio à Nice.

Tes parents, où habitent-ils?
- Ils vivent/habitent au bord de la mer dans un bungalow. C'est-à-dire, une maison à un étage.

2 L'extérieur et la situation
the outside and the location *(See also 6.7)*

●

le mur	wall
la fenêtre	window
la porte d'entrée/ de derrière	front/back door *porte*
la boîte aux lettres	letterbox
le balcon	balcony
un ascenseur	lift
marcher	to work; to function (*Also:* to walk)
ouvrir	to open
entrer dans	to go into
la clef/clé	key
fermer à clef	to lock
grand	big; large
petit	small
moderne	modern
vieux/vieil/vieille	old
nouveau/nouvel/ nouvelle	new
neuf/neuve	brand new
agréable	pleasant
joli	pretty
beau/bel/belle	beautiful
pittoresque	picturesque
chic*	smart
laid	ugly
affreux -euse	awful
triste	sad
confortable	comfortable
le confort	comfort
formidable	fantastic
parfait	perfect
typique	typical
calme	peaceful
sympa	nice; likeable
adorer	to love; to adore
aimer	to like; to love
détester	to hate
préférer	to prefer
un étage	floor
au premier étage	on the first floor
au deuxième étage	on the second floor
au troisième étage	on the third floor
au rez-de-chaussée	on the ground floor
la pièce	room
le bruit	noise
un(e) voisin(e)	neighbour
être situé; se trouver	to be situated
donner sur; avoir vue sur	to overlook
loin de	far from
près de	near to
à côté de	next to
au nord/sud/est/ ouest	in the north/south/ east/west
le quartier	district
la banlieue	suburb
un endroit	place

*invariable

●

Décris-moi ta maison.
- Ma maison est assez grande. Elle est moderne, et je l'aime bien/beaucoup. Nous avons/Il y a quatre pièces au rez-de-chaussée et cinq au premier étage.

Est-ce que tu peux décrire ton appartement?
- Oui, il est vieux mais très confortable. Nous avons une très belle vue sur la ville, parce que nous sommes au huitième étage.

Ça ne t'ennuie pas les huit étages?
- Il y a un ascenseur; quand il marche! Sinon (●●●) il y a l'escalier. Je déteste monter les marches.

La porte d'entrée, est-elle fermée à clé?
- Oui, il faut avoir une clé pour entrer dans l'immeuble.

Ta rue est calme?
- Oui, il y a très peu de bruit la nuit. Les voisins sont très sympas.

Où est ta maison?/Ta maison où est-elle?/Où se trouve (est située) ta maison?
- Elle est/se trouve/est située loin du centre ville/près de la gare/au nord de la ville/dans un quartier chic/dans une banlieue agréable.

●●

Votre maison vous plaît?
- Oui, c'est une maison de taille moyenne, en très bon état. La cour est assez grande, cinquante mètres carrés, ce qui permet/laisse aux enfants de jouer en sécurité.

N'y a-t-il pas de problèmes?
- Si! Les voisins sont souvent bruyants, mais autrement nous sommes très satisfaits.

Ta maison est-elle dans un beau quartier?
- Non, elle est en face de la zone industrielle.

●● ●●●

On m'a dit que tu habitais une maison toute neuve.
- Oui, nous venons d'acheter une maison dans le lotissement Wimpey.

Votre maison est-elle bien construite?
- Notre maison a été bien bâtie, en pierre, mais mal entretenue. Donc mon père a fait des réparations pour l'hiver. Quelques encadrements de fenêtres étaient à remplacer, et il a fait installer le double-vitrage. Il a fait aussi réparer le toit.

Ton appartement à Londres te plaît?
- Oui, il donne sur la Tamise, ce qui nous convient parfaitement. La vue est très pittoresque.

la cour	yard
le mètre (carré)	(square) metre
un espace	space
la sécurité	safety
bizarre	strange
tranquille	peaceful *tranquille*
bruyant	noisy *bruyant*
la taille	size
moyen(ne)	average *moyen*
en bon état	in good condition
en mauvais état	in bad condition
tout(e) neuf -euve	brand new
plaire à qn.	to please someone (*suggests*: liking) (1.4c)
paraître	to appear
sembler	to seem
satisfait	satisfied *satisfait*
autrement	otherwise
récemment	recently
la zone industrielle	industrial zone
faire réparer	to have repaired
bâtir; bâti	to build; built
construire; -uit	to build; built

en brique	of brick
en pierre	of stone
en béton	of reinforced concrete
en verre	of glass
le volet	shutter
le contrevent	shutter (usually outer)
le toit	roof
le lotissement	housing estate
une antenne de télévision	television aerial
un encadrement de fenêtre	window frame
être à remplacer	(need) to be replaced
le double-vitrage	double glazing
bien/mal entretenu	well/badly maintained
convenir à qn.	to suit someone
sinon	if not

replace remplacer.
suit someone convenir à qn
bizarre bizarre.

3 Les pièces
rooms

(a) Le salon, la salle de séjour   *lounge, living room*

●

le fauteuil	armchair
la cheminée	fireplace; mantlepiece
le piano	piano
le livre	book
la bibliothèque	bookcase; library
la photo de famille	family photo
le tableau	picture
la plante	plant
la fleur	flower
le vase	vase
le tapis	carpet; rug
le chauffage central	central heating
la pendule	clock
la télévision	television
le magnétophone	tape-recorder
la cassette	cassette
la radio	radio
un électrophone	record-player
le disque	record
la chaîne stéréo; la chaîne hi-fi	stereo; hi-fi system

●

Qu'est-ce qu'il y a dans ton salon?
- Il y a deux fauteuils, une télévision couleur, un magnétoscope et un piano.

As-tu une chaîne stéréo? *hi-fi system*
- Non, mais j'ai un électrophone. *record player.*

● ●●

Qu'est-ce qu'il y a sur votre étagère?
- Il y a des livres et des photos de famille.

Ta salle de séjour, est-elle bien chauffée?
- Oui, nous avons un chauffage à gaz, et l'hiver nous nous servons aussi du chauffage central.

●●●

Qui a décoré ton salon?
- Mon père et moi l'avons fait il y a trois mois. Le papier peint est d'un dessin/motif agréable qui s'harmonise/va bien avec la moquette rouge. (*See Colours, 10.3c*)

●●	
une horloge	clock (outside/grandfather)
une étagère	shelf; wall unit
le radiateur	radiator
le chauffage à gaz/électrique	gas/electric fire
le canapé	sofa; settee
le coussin	cushion
le plancher	floor
le plafond	ceiling
le magnétoscope	video recorder

●●●	
le sofa	sofa; settee
la table basse	coffee table
une applique; la lampe murale	wall lamp
un abat-jour	lampshade
la moquette	fitted carpet
le convecteur	convector heater
le cendrier	ashtray
les bibelots (m.)	ornaments; trinkets
la statue	statue
la peinture	painting
s'harmoniser avec; aller avec	to go with
se détendre	to relax
disposer de	to have (at one's disposal)

Hier soir, qu'est-ce que tu as fait dans la salle de séjour?
- Je voulais me détendre un peu, alors j'ai mis des disques et j'ai lu les journaux.

Qu'est-ce que tu as, un électrophone ou une chaîne hi-fi?
- J'ai une très bonne chaîne hi-fi, avec deux baffles à deux angles opposés de la pièce.

Alors, tu disposes/jouis d'une excellente qualité de son?
- Oui, mais quelquefois ça gêne/dérange le reste de la famille si la musique est trop forte ou pas à leur goût!

jouir de	to enjoy
gêner (déranger ●●)	to bother
décorer	to decorate
le papier peint	wallpaper
le dessin; le motif	design (10.3d)
un angle	corner
la chaîne-laser	compact disc player
le haut-parleur; une enceinte; le baffle	loudspeaker
un amplificateur	amplifier
le 33 tours	an L.P.
le 45 tours	a single

(b) La salle à manger   *dining room*

●	
la table	table
la chaise	chair
le buffet	sideboard
la serviette	serviette
le meuble	item of furniture
ranger	to put away; to tidy away

●●	
la nappe	tablecloth
le couvert	place setting
le vaisselier	(Welsh) dresser

●●●	
dîner aux chandelles	to dine by candlelight

●

Tu as une grande salle à manger?
- Oui, nous avons une table, six chaises et un buffet.

●●

Qu'est-ce qu'il y a dans le buffet?
- Nous rangeons les nappes et les couverts. C'est-à-dire, les couteaux, les fourchettes et les cuillers. (9.2g)

●●●

Et le vaisselier, qu'est-ce que c'est?
- C'est un meuble où nous rangeons la vaisselle, les assiettes, etc.

Tu prends tous tes repas dans la salle à manger?
- Non, seulement les weekends, ou quand nous avons des invités à la maison. Quelquefois nous donnons de grandes fêtes, où nous dînons aux chandelles.

Où manges-tu le reste du temps?
- Je prends le petit déjeuner dans la cuisine, et souvent je goûte/prends un goûter dans le salon en regardant la télévision.

(c) La cuisine *the kitchen*

le placard	cupboard
un évier	sink
le robinet	tap
la poubelle	rubbish bin
la vaisselle	dishes
faire la vaisselle	to wash the dishes
une assiette	plate
le bol	bowl
la tasse	cup
la soucoupe	saucer
la théière	teapot
la cafetière	coffeepot
la bouteille	bottle
le couteau	knife
la fourchette	fork
la cuiller -ère	spoon
(in)utile	useful (useless)
nécessaire	necessary
essentiel(le)	essential
pratique	useful; practical
facile (à faire)	easy (to do)
difficile (à faire)	difficult (to do)
marcher	to work; to walk
en panne	not working *(8A.4)*

●●

le four	oven
la poêle	frying pan
la lessive	washing powder; the washing
faire la lessive	to do the washing

●●●

le store	roller blind
le plan de travail	worktop
le tabouret	stool
le torchon	dish-cloth
le liquide-vaisselle	washing-up liquid
un ouvre-boîtes	tin opener
un ouvre-bouteilles	bottle opener
le tire-bouchon	cork screw
la planche à repasser	ironing board
indispensable	essential

●

Peux-tu me décrire ta cuisine? *sink*
- Oui, sous la fenêtre il y a un évier, où nous faisons la vaisselle, nous avons aussi une machine à laver, un frigidaire, une table et plusieurs placards. *dishes*

Tu as une cuisinière à gaz?
- Non, une cuisinière électrique.

Vous avez un frigo ou un congélateur?
- Nous avons les deux. Le congélateur est très pratique parce que nous pouvons acheter toute la viande une fois par mois.

Donc, il est juste de dire que ces appareils, ces machines modernes, sont très utiles?
- Oui, je dirais essentiels; mais c'est un grand problème quand ils ne marchent pas!

●●   ●●●

Quel jour fait-on la lessive chez toi?
- Ma mère la fait presque tous les jours. Nous avons de la chance parce que nous avons une machine à laver et un séchoir.

●●●

Votre mère a beaucoup d'appareils électroménagers?
- Oui, par exemple un grille-pain, un mixeur, etc.

Quel est, à votre avis, l'appareil électroménager le plus indispensable?
- Le four à micro-ondes, je pense, parce que ça (nous) permet de faire la cuisine rapidement en rentrant du travail le soir.

〜〜〜〜〜〜〜〜〜〜〜〜〜〜〜

les appareils (m.) électroménagers *electrical appliances*

●

le frigo; le frigidaire	fridge
le réfrigérateur	refrigerator
le congélateur	freezer
le freezer	icebox
la cuisinière électrique/à gaz	electric/gas cooker
allumer	to switch on (4. below); to light
une allumette	match
la machine à laver	washing machine

●●●

le lave-vaisselle	dishwasher
le four à micro-ondes	microwave oven
le séchoir; le sèche-linge	dryer
une essoreuse	spin-dryer
le grille-pain	toaster
le mixeur	mixer
le ventilateur	extractor fan
la hotte (aspirante)	cooker hood
la bouilloire électrique	electric kettle
le fer à repasser	iron

(d) La chambre   the bedroom

●

le lit	bed
le drap	sheet
la couverture	blanket
un oreiller	pillow
une armoire	wardrobe
le pyjama	pyjamas
la chemise de nuit	nightdress
la robe de chambre	dressing gown
les pantoufles	slippers
le tapis	carpet; rug
le(s) rideau(x)	curtain(s)
le réveil(-matin)	alarm clock
(bien/mal) dormir	to sleep (well/badly)
s'endormir	to go to sleep
aller au lit; se coucher	to go to bed
partager	to share
seul	alone
le bureau	desk; study (room)
les devoirs (m.)	homework
la radio	radio
le radiocassette	cassette-radio
lire	to read *(13.A.2)*
le livre	book
le magazine	magazine
le poster	poster
le chanteur	singer
ranger	to tidy up
(mes) affaires (f.)	(my) things
propre	clean
sale	dirty
en bon ordre	in good order
chaque	each; every
chacun(e)	each (one)

●●

le matelas	mattress
le radioréveil	clock radio
régler	to set (alarm)
le micro-ordinateur	home computer
se maquiller	to put on make-up

●●●

la table de toilette	dressing table
la couette	duvet; continental quilt
le traversin	bolster (long pillow)
la carpette; la descente de lit	bedside carpet; rug
la peau de mouton	sheepskin (rug)
la peluche	cuddly toy

le sèche-cheveux	hairdryer
la brosse à cheveux	hairbrush
le peigne	comb
la table de chevet	bedside table
la lampe de chevet	bedside lamp
la garde-robe	wardrobe
à part	separately
sécher	to dry
chauffer	to heat

●

Qu'est-ce que tu as/Qu'est-ce qu'il y a dans ta chambre?

- Bon, il y a deux lits, des draps, des couvertures, un tapis rouge, mon radio-cassette et deux posters de mes chanteurs préférés.

Tu partages ta chambre avec ta sœur?

- Oui, nous partageons une chambre, et nous faisons nos devoirs ensemble. C'est mieux que d'être seul(e).

Où mettez-vous vos vêtements?

- Nous avons chacune une armoire.

Est-ce que vous allez au lit de bonne heure?

- Oui, mais nous nous endormons tard.

Pourquoi?

- Nous parlons, nous lisons, nous écoutons des disques . . .

Ta chambre est (-elle) propre et en bon ordre/bien rangée?

- Oui, je fais mon lit chaque matin, et je range mes affaires tous les soirs.

●●●

Ta chambre est (-elle) confortable?

- Oui, j'ai une couette, et la chambre est bien chauffée. Et le matin, je me lève et je mets mes pieds sur une peau de mouton!

Ta sœur cadette, où dort-elle?

- Elle dort à part, et donc je suis tranquille dans ma chambre. Par exemple, je peux me sécher les cheveux quand je veux, et je peux me maquiller tranquillement.

(e) La salle de bains *the bathroom*

le lavabo	washbasin
la baignoire	bath
prendre un bain	to have a bath
prendre une douche	to have a shower
le robinet	tap
les W.C. (m.)	toilet
le savon	soap
le shampooing	shampoo
la serviette	towel
la glace; le miroir	mirror
le rasoir (électrique)	(electric) razor
la brosse à dents	toothbrush
le dentifrice	toothpaste
utiliser	to use

••

le bidet	bidet
le gant de toilette	flannel
une éponge	sponge
se sécher	to dry oneself
se faire un shampooing	to shampoo one's hair
se laver les cheveux	to wash one's hair

•••

faire couler l'eau	to run the water
le papier hygiénique	toilet paper
le rouleau	roll
le désinfectant	disinfectant
la mousse à raser	shaving foam
le fil dentaire	dental floss

•

Décris-moi ta salle de bains.
- Il y a un lavabo, une baignoire, des W.C.

Où mets-tu le savon, le shampooing, le dentifrice, etc?
- Nous avons un placard au-dessus du lavabo.

••

Est-ce que tu préfères le bain à la douche?
- Non, je préfère prendre une douche. C'est plus pratique et utilise moins d'eau, et donc c'est plus économique.

Désolé... Je ne peux pas sortir ce soir - je dois me laver les cheveux !

(f) Les autres pièces *the other rooms*

•

raconter	to tell; recount
une entrée	entrance; hall
le vestibule	hall
un escalier	staircase; stairs
le téléphone	telephone
la cave	cellar

••

le couloir	corridor; passage
le cintre	coathanger

•••

pendre	to hang up
la penderie	place to hang coats
la marche	stair; step
le palier	landing
le grenier	attic
le débarras	lumber/junk room

•• •••

Raconte-moi ce que tu fais en rentrant chez toi.
- En rentrant chez moi, je me trouve dans un petit vestibule, que nous appelons une entrée. Je pends mon manteau sur un cintre dans la penderie, qui est une sorte de placard ou armoire sous l'escalier.

4 Allumer et éteindre
switching on and off

la fiche	electric plug	(*Also:* index card, 5.2)
oublier	to forget	
être pressé	to be in a hurry	
casser	to break	
approcher	to move up to	
s'approcher de	to approach	

••

la prise de courant	plug socket

•••

atteindre	to reach
une inondation	flood
de là; d'où	hence

• •• •••

la lumière	light (emitted)
la lampe	light (fitting)
une ampoule	bulb
un interrupteur	switch
allumer	to switch on
éteindre	to switch off
le fil	wire

la radio/	radio/TV
la télévision	(*See also 13.A.1*)
allumer; mettre	to switch on
éteindre; arrêter	to switch off
mettre plus fort	to turn up
mettre moins fort	to turn down

le magnétophone	tape recorder
le magnétoscope	video recorder
enregistrer	to record
effacer	to erase; to rub off
la vidéocassette	video cassette
vierge	blank; empty

la machine à laver	washing machine
mettre en marche/	to turn on
en route	
arrêter	to turn off

• •• •••

Ce fil n'est pas assez long pour atteindre la prise de courant.
- Je sais. Il faut approcher l'électrophone.

La fiche est cassée. Tu en as une autre?
- Non, nous devons en acheter une/Il faut que nous en achetions une.

N'oublie pas d'éteindre la lumière avant d'aller au lit.

Allume, s'il te plaît. Je vais préparer du thé pendant les publicités.

Mets la radio, chérie, je veux écouter les informations/ les actualités.

Cette émission (ce programme) m'ennuie. Tu peux l'éteindre, s'il te plaît?

Marie! Mets la télévision moins fort. Je ne m'entends pas parler!

Jean, je veux voir les informations/les actualités sur 'Channel 4'.
- Alors, je devrai enregistrer "Coronation Street" et le regarder plus tard.

Tu as une vidéocassette vierge? Je ne veux pas effacer le film policier qui est dessus/qui est enregistré dessus.

Je mets la machine à laver en route/en marche tous les lundis avant d'aller au travail.

Il a oublié de fermer les robinets . . . de là/d'où cette inondation!

les robinets (m.)	taps
ouvrir	to turn on
arrêter	to turn off
faire couler l'eau	to run the water

5 La routine quotidienne
daily routine

(See also time/days/date, 17)

•

l'heure (f.)	time
la date	date
le jour	day
le mois	month
le week-end	weekend
la semaine	week
le matin	morning
l'après-midi (m./f.)	afternoon
le soir	evening
la nuit	night

•

À quelle heure te lèves-tu le matin?
- Ça dépend. La semaine je me réveille à sept heures et demie. Je reste au lit pendant dix minutes à écouter mon radioréveil, et je me lève à huit heures moins vingt. Mais le weekend je me lève plus tard, en général vers neuf heures.

Qu'est-ce que tu fais le matin?
- Je me lave, je m'habille, et je descends prendre le petit déjeuner.

un an	year
chaque (jour)	every/each (day)
tous les (jours)	every (day)
aujourd'hui	today
demain	tomorrow
hier	yesterday
vers	about (time)
se réveiller	to wake up
rester au lit	to stay in bed
se lever	to get up
se laver	to get washed
se raser	to shave
s'habiller	to get dressed
mettre	to put on (clothes)
quitter la maison	to leave the house
quitter (Jean)	to leave (John)
laisser (mon livre)	to leave (my book)
partir (de)	to depart; to leave
laisser	to leave (sth./ someone)
s'en aller	to go away; to depart
sortir (avec)	to go out (with)
se dépêcher	to hurry *se dépêcher*
aller à l'école	to go to school *(3.A)*
aller au travail	to go to work *(3.B)*
rencontrer	to meet
au coin de	at the corner of
ensemble	together
bavarder	to chat
rentrer (chez moi, lui, etc.)	to come home (to my/his house etc.)
revenir	to come back
être de retour	to be back
se changer	to get changed
faire mes devoirs (m.)	to do my homework
étudier	to study
travailler	to work
écouter la radio/ des disques (m.)	to listen to the radio/records
regarder la télévision	to watch television *(13.A)*
passer 2 heures (chez Jean)	to spend 2 hours (at John's)
mon ami/mon copain	my friend (m.)
mon amie/ma copine	my friend (f.)
mon petit ami	my boyfriend
ma petite amie	my girlfriend
aller à la piscine/ au ciné	to go to the baths/ cinema *(13)*
les repas (m.)	meals *(9)*
le petit déjeuner	breakfast
prendre le petit déjeuner	to have breakfast
le déjeuner	lunch
déjeuner	to have lunch
le goûter	snack *(9.4b)*
prendre le goûter	to have a snack
le dîner	dinner
dîner	to dine

Qui prépare le petit déjeuner chez toi? *(9.4a)*
- Ma mère (le prépare d'habitude), mais le weekend nous nous préparons quelque chose nous-mêmes quand nous nous levons.

Qu'est-ce que tu prépares?
- Je me prépare des cornflakes et une tasse de thé. Quand il fait froid, je mange/me fais un œuf et des toasts.

Tu quittes la maison à quelle heure le matin?
- En général, je quitte la maison à huit heures et demie. Je retrouve (●●) mon ami au coin de la rue, et nous nous en allons ensemble à l'école.

Après le travail, à quelle heure rentrez-vous chez vous?
- Généralement je suis de retour à cinq heures du soir. Je me change et goûte/prends mon goûter avec mes frères.

Qu'est-ce que tu prends/manges?
- Du chocolat chaud, des tartines ou un gâteau. *(9.4b)*

Qu'est-ce que tu vas faire ce soir?
- J'espère sortir avec ma petite amie, mais si ce n'est pas possible, je ferai mes devoirs et après j'irai au ciné.

À quelle heure vas-tu te coucher/vas-tu au lit?
- D'habitude je me couche après les informations/les actualités à la télévision. C'est-à-dire, vers onze heures.

Qu'est-ce que tu fais avant d'aller au lit?
- Je prends une douche et je mets mon pyjama/ma chemise de nuit. *(3d above)*

●●
Hier, qu'est-ce que tu as fait après être rentré(e) chez toi?
- Je n'avais pas envie d'étudier, alors je me suis douché(e) et je suis sorti(e) avec des amis.

Qu'est-ce que tu as fait hier soir avant de te coucher?
- Je me suis déshabillé, je me suis brossé les dents et j'ai réglé mon réveil pour qu'il sonne à sept heures du matin.

●●　　●●●
Qu'est-ce que tu vas faire demain matin?
- Oh, c'est samedi. Je vais faire la grasse matinée. Je me lèverai tard. La plupart du temps, j'étudie pendant plusieurs heures, mais demain je vais me reposer/me détendre un peu.

N'as-tu pas un travail à mi-temps/à temps partiel? *(3.B.1)*
- Non. J'avais un boulot avant Noël. Je travaillais dans une boulangerie.

Ça t'a plu?
- Oui, le travail n'était pas trop dur, et l'argent était très utile! Mais ça m'empêcherait d'étudier pour mes examens en juin, alors j'ai arrêté.

manger	to eat
boire	to drink
faire la cuisine	to do the cooking
aller au lit	to go to bed
se coucher	to go to bed
dormir	to sleep
c'est-à-dire	that is (to say)

••

retrouver	to meet (up with); to find (16)
se brosser les cheveux/les dents	to brush one's hair/teeth
se doucher	to have a shower

se maquiller	to do one's make-up;
le maquillage	make-up (10.7)
✓ se déshabiller	to get undressed
régler	to set (alarm clock)
avoir envie de	to feel like
empêcher (de)	to prevent (from)
la plupart du temps	most of the time
des samedis	Saturdays

•••

faire la grasse matinée	to have a lie-in
se peigner	to comb one's hair
✓ se relaxer/se détendre	to relax (13)

6 Avoir un(e) invité(e)
having a guest

(See also 1.4/7)

•

aller voir	to go and see
aller chez	to go to someone's house
inviter	to invite
visiter	to visit (a place)
rendre visite à (••)	to visit a person
venir	to come
arriver	to arrive
sonner	to ring
entrer (dans)	to go in; to enter
s'asseoir	to sit down
s'en aller	to go
l'hospitalité (f.)	hospitality
Sois le/la bienvenu(e)!	Welcome!
Soyez les bienvenu(e)s!	
faire comme chez soi	to make oneself at home
✓ faire un séjour	to stay
passer	to spend
deux jours/	two days/
du temps/	some time/
quelques jours/	a few days/
nos vacances	our holidays
chez mon oncle/lui	at my uncle's/ his house
À table!	Let's sit down!
Bon appétit!	Enjoy your meal!
tout le monde	everybody
Tu me passes le sel?	Could you pass me the salt?
Passe-moi le sel	Pass me the salt
Encore de la soupe?	More soup?
Merci	(No) thanks
s'il vous plaît	please
s'il te plaît	please
s'excuser	to apologise
Je suis désolé	I'm sorry (14.4b)
De rien	Don't mention it
Vous permettez?	May I?

•

Madame, vous semblez/avez l'air très occupée aujourd'hui.
- Oui, des invités/des amis vont arriver bientôt. Ils vont passer quelques jours chez nous.

Jean! On sonne; ils sont là. Ouvre la porte vite.
- Bonjour. Soyez les bienvenus! Entrez et donnez-moi vos manteaux.
- Merci bien. Nous sommes très contents de vous voir.
- Asseyez-vous ici. Faites comme chez vous.

Bon appétit, tout le monde. Servez-vous.
Bon appétit, Pierre. Sers-toi.

Dites-le-moi si vous avez besoin de quelque chose. N'hésite pas à me le dire si tu as besoin de quelque chose.

••

Oh, je suis désolé/excusez-moi, j'ai renversé la carafe. J'ai laissé tomber mon verre.
- Ne vous inquiétez pas/Ne t'inquiète pas. Je vais essuyer tout ça dans un instant.

•••

Nous avons reçu un très bon accueil/nous avons été très bien reçu(e)s chez mon oncle.
- Oui, nous devons l'inviter à séjourner chez nous l'année prochaine.

Je vais visiter Paris dans deux jours. Tu penses que ça vaut la peine de rendre visite à tante Hélène?
- Peut-être. Mais tu as eu un accueil glacial/hostile la dernière fois!/Tu as été reçu froidement la dernière fois.

Vous avez bien mangé?
- Oui, merci. Félicitations à la maîtresse de maison! Je suis rassasié.

poli	polite		
servir (sers-toi)	to serve (help yourself)		
hésiter	to hesitate		
avoir besoin (de)	to need		
À demain!	See you tomorrow! (14.4a)		
Bonne nuit!	Goodnight!		
bien dormir	to sleep well		

●●

recevoir	to receive; to entertain
Je vous/t'en prie	Don't mention it
renverser	to knock over
laisser tomber	to drop
s'inquiéter	to worry
essuyer	to wipe up
valoir la peine	to be worth

●●●

séjourner	to stay
accueillir	to welcome
un accueil	welcome
favorable	favourable
hostile; glacial	hostile; cold
Félicitations!	Congratulations!
la maîtresse de maison	hostess
rassasié	full(-up)
un(e) hôte	guest
un hôte; une hôtesse	host; hostess
pendre la crémaillère	to have a house-warming party

7   Les tâches domestiques
household chores

●

faire le ménage	to do the housework
faire la vaisselle	to wash the dishes
faire les courses (f.)	to do the shopping
aller au magasin	to go to the shop(s)
acheter	to buy
nettoyer	to clean
laver la voiture/ les vêtements/ le tricot	to wash the car/ clothes/ sweater
préparer les repas (m.)	to prepare the meals
faire la cuisine	to do the cooking
partager	to share
ranger (mes affaires)	to tidy (my things)
sale	dirty
propre	clean
bien rangé; en bon ordre	neat and tidy
réparer	to repair
faire du bricolage	to do D.I.Y.
vouloir bien (faire)	to be willing (to do)
quelquefois	sometimes
mettre la table	to lay the table

●●

débarrasser la table	to clear the table
essuyer la vaisselle	to dry/wipe the dishes
repasser	to iron
balayer	to sweep
passer l'aspirateur (m.)	to vacuum
éplucher les légumes (m.)	to peel the vegetables (10.2c)
faire la lessive	to do the washing
la lessive	soap powder; washing
se rendre compte	to realise
aménager	to do up/to convert

●

Est-ce que tu aides ta mère?
- Oui, je fais la vaisselle, et le weekend je fais les courses.

Ton père te demande de l'aider quelquefois?
- Oui, je lave la voiture, je passe l'aspirateur dans toute la maison, et je l'aide à réparer des choses.

Qui fait la cuisine chez toi?
- D'habitude, ma mère fait la cuisine, mais ma sœur et moi l'aidons quand nous avons le temps, surtout le weekend.

Qui lave les vêtements?
- Heureusement, nous avons une machine à laver! Mais je lave mes tricots à la main.

●●

Est-ce que tu aimes repasser tes vêtements?
- Oui, je trouve cela reposant, parce que je peux regarder la télévision en même temps.

Ton père a beaucoup à faire?
- Oui, il fait du bricolage. Il fabrique des meubles, et l'année prochaine, il a l'intention d'installer le chauffage central.

●●●

Quel est son dernier projet/son projet le plus récent?
Quelle est la dernière chose qu'il ait faite?
- Il a aménagé son garage en bureau.

Est-ce qu'il aime faire de tels aménagements?
- Oui, il voudrait convertir le grenier en chambre, mais il s'est rendu compte que ça coûterait trop cher.

● ● ●	
l'aménagement (m.)	doing-up
convertir	to convert
l'entretien (m.)	maintenance
le projet	project
coudre	to sew
tricoter	to knit
donner un coup de main	to lend a hand
faire les vitres (f.)	to clean the windows
une aide-ménagère	home help
décorer	to decorate
peindre	to paint
faire les peintures (f.)	to do the painting
tapisser; poser du papier peint	to put on wallpaper
déranger	to mess up

Tu m'as dit que ta mère travaillait. Aimerait-elle avoir une aide-ménagère?
- Oui, bien sûr, mais nous n'avons pas les moyens pour ça, donc nous nous partageons le travail, nous donnant un coup de main aussi souvent que possible/chaque fois que c'est possible.

Est-ce que tu aimes décorer la maison?
- Non, mais il faut le faire quand même! Il y a trois mois, nous avons tapissé (posé du papier peint dans) le salon, et nous avons aussi fait les peintures.

en désordre	in a mess
épousseter	to dust
la poussière	dust

8 Le jardin
the garden

●	
un arbre	tree
la fleur	flower
l'herbe (f.)	grass
couper	to cut
la plante	plant
le garage	garage
de devant	front
de derrière	back
le jardinage	gardening

● ●	
un arbre fruitier	fruit tree
le pommier	apple tree
le cerisier	cherry tree
le poirier	pear tree
le sapin	fir tree
cultiver; faire pousser	to grow
les mauvaises herbes	weeds
s'occuper de	to look after
tondre	to cut; to mow (lawn)

● ● ●	
la tondeuse à gazon	lawnmower
jardiner	to do the gardening
arracher	to remove
la pelouse; le gazon	lawn; turf
la haie	hedge
le chêne	oak tree
la serre	greenhouse
la cabane (à outils)	(tool)shed
entretenir	to maintain
le bassin	pond
le parterre	flowerbed
bêcher	to dig
la bêche	spade
la brouette	wheelbarrow

●	

Est-ce que tu as un jardin?
- Oui, nous avons deux jardins/nous en avons même deux, l'un devant la maison et l'autre derrière.

Décris-moi ton jardin de devant.
- Il est assez petit, il n'y a qu'un arbre et quelques plantes.

● ●   ● ● ●
Qui s'occupe du jardin chez vous?
- Mon père aime jardiner lui-même, mais quelquefois il me permet d'utiliser la tondeuse électrique.

Ta mère, aime-t-elle travailler dans le jardin?
- Oui, elle fait pousser toutes sortes de plantes et de temps en temps elle tond la pelouse.

Ton père fait-il la plupart du travail?
- Oui, au printemps il bêche le jardin et il arrache les mauvaises herbes. Il entretient tous les outils qu'il range dans la cabane.

Est-ce que tu cultives des légumes chez toi?
- Oui, nous avons un petit potager où mon père fait pousser des pommes de terre et des laitues. (10.2c)

Qu'est-ce que tu aimes faire dans le jardin?
- De préférence, j'aime m'étendre dans une chaise longue sur la terrasse, d'où je peux voir les autres jardiner/faire du jardinage!

la clôture	fence
le portail	gate
la terrasse; la cour	patio; yard
le potager	vegetable garden
s'étendre	to stretch out
de préférence	preferably

A À L'ÉCOLE
At school

1 Les écoles, les élèves et les salles
schools, pupils and rooms

●

une école	school
primaire	primary
secondaire	secondary
le C.E.S.	comprehensive
(Collège	school, 11-15
d'enseignement	
secondaire)	
l'enseignement (m.);	education
l'éducation (f.)	
le collège mixte	mixed high school
le collège de	girls'/boys' high
filles/de garçons	school
le lycée	High School, 15-18
le lycée technique	Technical High,
	15-18
une école privée	private/independent
	school
l'université (f.)	university
célèbre	famous
moderne	modern
vieux/vieil/vieille	old
un(e) élève	pupil
un(e) camarade	friend; schoolmate
le copain; la copine	friend
un(e) étudiant(e)	student
le professeur	teacher (m./f.)
le directeur;	headteacher
la directrice	
un(e) concierge	caretaker
un(e) secrétaire	secretary
un(e) infirmier -ière	nurse
la salle	room (Also: hall)
la salle de classe	classroom
la salle des	staffroom
professeurs	
le laboratoire	laboratory
la bibliothèque	library

la classe	(year) group	
en 6ème (sixième)	in 1st year	
en 5ème (cinquième)	in 2nd year	C.E.S.
en 4ème (quatrième)	in 3rd year	
en 3ème (troisième)	in 4th year	
en 2nde (seconde)	in 5th year	
en 1ère (première)	in Lower 6th	lycée
en Terminale	in Upper 6th	

●

Comment s'appelle ton collège?
- Il s'appelle North City High School.

Combien d'élèves y a-t-il dans ton collège?
- Je pense qu'il y a environ mille deux cents élèves.

Et combien de professeurs y a-t-il?
- Il y en a soixante-quatre.

Quel est le nom du directeur?
- Il s'appelle Mr. Edmonds.

Peux-tu me décrire ton collège?
- Oui, il est assez grand. Il y a beaucoup de salles de classe, une salle de sports, une piscine, la cantine et une bibliothèque. Derrière l'école il y a une grande cour, et devant il y a un terrain de sport.

Ton école est-elle moderne?
- Non, c'est un vieux lycée célèbre, mais il y a aussi un bâtiment moderne avec de nouveaux laboratoires, etc.

Tu es en quelle classe?
- Je suis en troisième. J'irai au lycée l'année prochaine.

le gymnase	gymnasium
la salle de sports	sports hall
le(s) vestiaire(s)	cloak room; changing rooms
la piscine	swimming pool
la cantine	dining hall
une infirmerie	sick room
le bâtiment	building
la cour	playground
le terrain de sport	sports field

••

un atelier	workshop
le foyer des élèves	common room

•••

une école maternelle	nursery school
une école libre	private school (usually Catholic)
une école laïque	state school in France
un internat	boarding school
la Fac	university
un(e) écolier -ière	primary pupil
un(e) collégien(ne)	comprehensive pupil
un(e) lycéen(ne)	lycée student
un(e) pensionnaire; un(e) interne	boarder
un(e) demi-pensionnaire	day pupil, lunching at school
un(e) externe	day pupil, lunching at home
un(e) surveillant(e)	supervisor
surveiller	to supervise
le réfectoire	refectory
la salle omnisports	sports hall

••

À quelle sorte/quel genre d'école vas-tu?
- Je vais dans un collège de filles/dans un collège mixte/dans un lycée.

Où vas-tu pendant la récréation?
- Je vais au foyer des élèves pour jouer au babyfoot/au ping-pong. *(13.B.2)*

Y a-t-il des pensionnaires (internes) à votre école?
- Oui, mais la plupart des élèves sont des demi-pensionnaires, mais il y a quelques externes qui habitent près de l'école.

•••

En France, avez-vous des écoles privées?
- Oui, en général ce sont des écoles catholiques. Mais la plupart des écoles en France sont laïques, comme les C.E.S. et les lycées.

Et un lycée, qu'est-ce que c'est?
- C'est l'équivalent du 'Sixth Form College' en Angleterre. Les lycéens étudient jusqu'à dix-huit ans. Ils commencent en Seconde et finissent leurs études en Terminale après s'être présentés au Bac, après quoi quelques-uns font des études supérieures, et d'autres cherchent du travail.

Est-ce qu'il y a des surveillants dans ton école?
- Oui, il y en a cinq. Ce sont des étudiants (de la Fac/de l'université) qui travaillent à mi-temps/à temps partiel pour gagner un peu d'argent. *(See B.1. below)*.

Et que font-ils?
- Ils surveillent la permanence, la cantine, et les retenues/les colles le mercredi. *(See 2. below)*

2 L'emploi du temps
the timetable

(a) Les matières *subjects*

•   ••   •••

la langue	language
l'anglais (m.)	English
la littérature	literature
les langues vivantes	modern languages
une langue étrangère	foreign language
le français	French
l'espagnol (m.)	Spanish
l'allemand (m.)	German
l'italien (m.)	Italian
le russe	Russian
le grec	Greek
le latin	Latin
les mathématiques/ math(s) (f.)	mathematics/ maths
les sciences (f.)	sciences
la physique	physics
la chimie	chemistry

la biologie; les sciences naturelles	biology
une expérience	experiment
l'informatique (f.)	computer studies
un ordinateur	computer
la technologie	technology
l'électronique (f.)	electronics
l'E.M.T. (l'éducation manuelle et technique)	craft/C.D.T.
les travaux manuels	craft subjects
le travail du bois	woodwork
le travail du métal	metalwork
le dessin industriel	technical drawing
le dessin	art

la poterie	pottery
la peinture	painting
la musique	music
l'histoire (f.)	history
la géo(graphie)	geography
la géologie	geology
l'enseignement ménager	domestic science; home economics
la cuisine	cookery
la couture	needlework
la puériculture	childcare
le cours de commerce	commerce; typing
l'éducation physique	P.E.
la gymnastique	gymnastics
les sports (m.)	sports (13.D)

l'instruction religieuse; l'éducation religieuse	R.E.
l'instruction civique	civics
le cours	class/lesson
le groupe	group
la récréation	breaktime
la permanence	non-lesson time (for sports/study)
la retenue; la colle	detention
l'Assemblée (f.)	Assembly
l'appel (f.)	registration
faire l'appel	to do registration

(b) Mes matières préférées/favorites   my favourite subjects _____

•

aimer; préférer	to like; to prefer (1.4c)
le plus/le moins	the most/the least
détester	to hate
étudier	to study
choisir	to choose
penser	to think (13.C.4)
trouver	to find (consider)
essayer de	to try to
faire de mon mieux	to do my best
facile (à faire)	easy (to do)
difficile (à faire)	difficult (to do)
dur	hard; difficult
compliqué	complicated
(im)possible à	(im)possible to
fort en	good at
moyen(ne) en	average at
faible en	poor at
intéressant	interesting
ennuyeux -euse	boring
affreux -euse	awful
obligatoire	compulsory
important	important
gentil(le)	nice; kind
sévère	strict
bête	stupid
chouette!	great!
formidable; super!	fantastic!
quand même	even so

••

croire	to think; to believe
s'ennuyer	to be bored
s'intéresser à	to be interested in
le choix	choice
tellement	so (very) much

•••

une option	option
facultatif -ive; optionnel(le)	optional
la leçon particulière	private lesson
à la différence (de)	unlike

•

Quelles matières étudies-tu?
- J'étudie l'anglais, le français, les maths, la physique, l'informatique, l'histoire et la géo.
- Je fais de l'anglais, du français, des maths . . .

Quelle est ta matière préférée, et pourquoi?
- Je préfère/j'aime mieux l'histoire parce que je trouve que c'est assez facile et très intéressant. De plus le professeur est très bon.

Tu ne fais pas de l'éducation physique?
- Si, je fais de la gymnastique, je pratique quelques/plusieurs sports et beaucoup d'autres activités. (See 6 below)

•   ••

Quelle matière aimes-tu le moins?
- Les maths, sans aucun doute! Je trouve que c'est difficile/ compliqué. Mais c'est une matière obligatoire et importante, et donc j'essaye de faire de mon mieux, mais quand même je suis très faible.

Et les langues? (14.5)
- Je suis moyen en français, mais ça ne m'intéresse pas beaucoup/tellement parce que le professeur est sévère et ennuyeux. Je préfère l'espagnol. C'est chouette!

••   •••

Est-ce que tu peux choisir les matières que tu étudies?
- Oui, vers la fin de la quatrième en Angleterre (la 'Third Year') nous avons des options. Bien sûr les maths, l'anglais et les sciences sont obligatoires, mais d'autres matières sont facultatives/optionnelles. Moi, par exemple, j'ai choisi la technologie, l'informatique, l'électronique et l'espagnol.

3 Une journée typique à l'école
a typical day at school

(See also daily routine 2.5 and time 17)

●

d'abord	first (of all)
puis	then
après	after(wards)
ensuite	next
jusqu'à	until/up to
enfin	at last
aussi	also/too
aller à l'école	to go to school
se trouver;	to be situated
être situé	*(See 6.7)*
arriver	to arrive
venir	to come
emmener	to take (somebody)
être à l'école	to be at school
absent	absent
présent	present
assister à	to be present at
commencer	to begin
finir	to finish
passer	to spend (time)
rester	to stay
durer	to last
s'amuser	to enjoy oneself
partir de; quitter	to leave
déjeuner	to (have) lunch
apporter	to bring
un uniforme	uniform
porter	to wear; to carry
chic*	smart
la discipline	discipline
méchant	naughty
sage	well-behaved
grave	serious

●●

la durée	length
pire; le pire	worse; worst
se taire	to keep quiet
voler	to steal *(16)*
la permission	permission

*invariable

●●●

mal se comporter	to behave badly
chahuter	to 'mess about'
insolent	cheeky
réprimander	to tell off
punir	to punish
la punition	punishment
être en retenue;	to be in
être collé	detention
obéir	to obey

●

Comment vas-tu à l'école? *(8)*
- Je prends l'autobus, le train.
- J'y vais à pied/à vélo.
- J'y vais en autobus/par le train.
- Mon père m'emmène.

Décris-moi une journée typique à l'école.
- J'arrive à neuf heures moins vingt, et je parle avec mes amis dans la cour, ou je finis mes devoirs!
- À neuf heures moins cinq, nous avons l'appel dans notre 'Form Group' pendant dix minutes, et après il y a l'Assemblée dans la Salle.

À quelle heure les cours commencent-ils?
- Le premier cours commence à neuf heures vingt.

Et combien de temps durent les cours?
- Ils durent une heure dix le matin. Nous avons la récréation à dix heures et demie. Elle dure vingt minutes. Je joue au football ou je vais au foyer pour acheter des chips/ des bonbons.

Et après la récréation?
- Nous avons un autre cours jusqu'à midi. Aujourd'hui, par exemple, nous avons (eu) histoire.

Et où est-ce que tu déjeunes?
- Tout le monde mange à la cantine/au réfectoire (●●● *1. above*), même les élèves qui/ceux qui apportent leurs sandwiches.

Et à quelle heure les cours recommencent-ils?
- Ils recommencent à une heure. Nous avons deux cours l'après-midi, chacun d'une heure et quart. Les cours finissent à trois heures et demie.

Est-ce que tu aimes porter l'uniforme de l'école?
- Non, j'aimerais mieux choisir mes vêtements chaque jour. Avant la rentrée, ma mère m'emmène dans les magasins pour m'acheter mon uniforme. Je déteste ça. Je préfère porter quelque chose de plus chic.

●●   ●●●

Je suppose que tu aimes les congés/les jours de congé?
- Oui, j'attends avec impatience les fêtes comme la Toussaint et le premier mai, par exemple.

exclu	suspended
expulsé	expelled
faire l'école buissonnière	to 'bunk off'
définitivement	for good
la violence	violence
le vandalisme	vandalism

● ●● ●●●

l'année scolaire	school year
le trimestre . . .	Christmas/autumn/
de Noël/d'automne/	Easter/spring/
de Pâques/de	summer
printemps/d'été	. . . term
au premier trimestre	in the first term
la fête	bank holiday
	(14.3b)
le congé	time off
	(from work)
les grandes vacances	summer holidays
la rentrée	return to school
	(in September)
diviser	to divide
la coupure	break; cut *(15.3)*
attendre avec impatience	to look forward to

Quand as-tu des vacances?

- L'année scolaire est divisée en trois trimestres. À la fin du premier trimestre (c'est-à-dire le trimestre de Noël/ d'automne) nous avons deux semaines de vacances, et aussi/ encore deux à Pâques. En juillet/août il y a six semaines. En plus il y a trois coupures au milieu de chaque trimestre pendant l'année scolaire.

Y a-t-il des problèmes de discipline à ton collège?

- Oui, certains élèves n'obéissent pas, surtout quand ils s'ennuient ou quand le prof n'est pas sévère. Ils chahutent, ils sont insolents, ils refusent de travailler et quelques-uns sont souvent absents. Ils font l'école buissonnière.

Et quelles sont les punitions?

- Ça dépend. Par exemple si l'on ne fait pas ses devoirs, on est réprimandé et il faut faire des devoirs supplémentaires.

Et pour des choses plus graves?

- On est mis en retenue/on est collé, ou pire, le directeur écrit aux parents.

Pour les actes de violence ou de vandalisme on risque d'être exclu de l'école pour quelques jours, ou même expulsé définitivement, si l'on vole, par exemple.

4 Travaillez dur!
work hard!

●

le travail	work
travailler	to work
écrire	to write
lire	to read
parler	to speak
raconter	to tell; to narrate
écouter	to listen TO
regarder	to look AT
apprendre	to learn
expliquer	to explain
comprendre	to understand
demander (à qn.	to ask (s.o.
de faire qch.)	to do sth.)
poser une (des)	to ask a (some)
question(s)	question(s)
répondre	to answer/reply
dessiner	to draw
chanter	to sing
devoir	to have to
faire . . .	to do . . .
tous mes devoirs (m.)	all my homework
le travail en classe	classwork
un exercice	an exercise
une leçon	an exercise; a lesson
des études (f.)	studies, ie. to study

●

Est-ce que tu travailles dur?

- Oui, je ne perds pas mon temps. Je fais mes devoirs et j'étudie pendant le weekend.

Mais quelquefois as-tu des problèmes?

- Oui, bien sûr, mais je demande au prof de m'expliquer (tout) ce que je ne comprends pas.

Tu as beaucoup de devoirs à faire le soir?

- En général, je passe une heure et demie chaque soir, mais le samedi j'étudie pendant trois heures.

Et que fait/dit le professeur si tu ne fais pas tes devoirs?

- Nous devons faire du travail supplémentaire/on nous colle.

●●

Y a-t-il des élèves qui ne travaillent pas?

- Oui. Ils ne veulent pas apprendre. Ils ne préparent rien. Ils semblent avoir une mauvaise attitude/une attitude négative, et ils n'ont pas envie de faire des progrès.

faire . . .	to make . . .	
des progrès	some progress	
une faute;	a mistake	
une erreur		
étudier	to study	
réviser	to revise	
le vocabulaire	vocabulary	
la phrase	sentence	
un exemple	example	
essayer de	to try to	
le problème	problem	
calculer	to calculate	
prouver	to prove	
avoir raison	to be right	
avoir tort	to be wrong	
perdre du temps	to waste time	
manquer des	to miss some	
cours (m.)	lessons	
répéter	to repeat	
le bulletin . . .	school/	
scolaire/	end-of-term	
trimestriel	. . . report	

•• •••

Et pour toi, quel est le but de l'éducation?
- C'est d'avoir plus de connaissances, de développer mes capacités et de réussir à mes examens.

••

enseigner	to teach
la connaissance	knowledge
corriger	to correct
améliorer	to improve
une amélioration	improvement
le but	aim
valoir mieux	to be better to
ça vaut	it's worth
la peine de	the trouble to
avoir envie de	to feel like
participer	to share; join in
capable	capable

•••

la capacité	ability
développer	to develop

5 Les examens
exams

•

la note	mark; grade
bon(ne)/mauvais	good/bad
le résultat	result
recevoir	to receive
réussir (à)	to succeed (in)
passer;	to take/to sit
se présenter à	(an examination)
de nouveau	again
le GCSE	GCSE examination
les 'A Levels'	A Levels
le Bac(calauréat)	French equivalent of A Levels
plutôt	rather
pareil(le)	the same

••

avoir de la chance	to be lucky
obtenir	to obtain
échouer à;	to fail
rater	
être reçu à	to pass
le certificat	certificate
le diplôme	diploma
tricher	to cheat
pas tellement	not really

•••

la licence	degree
de nos jours	nowadays
le cadre	framework; context
le contrôle	continuous
continu	assessment

• ••

Est-ce que tu as eu de bonnes notes pendant cette année scolaire?
- Pas vraiment. Mes résultats ont été plutôt mauvais.

Quand est-ce que tu vas passer/te présenter à tes examens?
- Je vais les passer en juin.

Tu penses que tu réussiras?
- Ça dépend. Si j'ai de la chance, j'aurai de bons résultats!/Ça ira!

Quels examens vas-tu passer?
À quels examens vas-tu te présenter?
- Je vais passer les maths, l'anglais, l'histoire et la géo pour le GCSE/dans le cadre (•••) du GCSE.

Et si tu rates/échoues à tes examens?
- Je essayerai de nouveau.
- Je les repasserai/Je me représenterai l'année prochaine.
- Je chercherai du travail.

•••

Tu penses que c'est important d'obtenir des diplômes?
- Oui, surtout de nos jours quand il y a beaucoup de chômage. Mon ambition est de faire une licence à la fac. *(See B below)*

6 Les activités
activities
(See also 13.D.)

(a) Les sports   *sports*

●

faire un sport	to do a sport
pratiquer un sport/ des sports	to do a sport/ some sports
jouer . . .	to play . . .
au football	football
au rugby	rugby
au hockey	hockey
au tennis	tennis
au basket	basketball
au volley	volleyball
faire de la natation	to go swimming
nager	to swim
le champion	champion
le championnat	championship
la coupe	cup
le match; la partie	match
une équipe	team
gagner	to win
perdre	to lose

●

Est-ce que tu fais du sport à l'école?
Est-ce que tu pratiques un sport à l'école?
- Oui, je fais de/je pratique la natation.
- Je joue au football.

Es-tu membre d'une équipe?
- Oui, je joue au basket dans l'équipe du collège.

Vous avez/Tu as gagné quelque chose?
- Oui, cette saison nous avons gagné la coupe/le championnat.

(b) Les activités extra-scolaires   *extracurricular activities*

●

le club	club
être membre de; faire partie de	to be a member of

●●●

le ciné-club	cinema club
le club de théâtre	drama club
le club d'échecs	chess club
le club de philatélie	stamp collectors' club
le club de danse	dance club
faire du cross	to do cross-country running
faire du canoë	to do canoeing

●   ●●   ●●●

Est-ce que tu fais partie d'un club à l'école?
- Oui, je fais partie/je suis membre du club de philatélie.

Y a-t-il des activités que l'on peut faire après l'école?
- Oui, on peut faire des activités de toutes sortes.
On peut faire du canoë, du cross et du ski. *(See also 13.D.)*

(c) Les excursions et les sorties   *trips and outings*

●

le concert	concert
le théâtre	theatre
la pièce	play
le cinéma	cinema
le film	film
le musée	museum *(See also 13.C)*

●●●

une galerie d'art	art gallery
une étude sur place	field trip

●   ●●   ●●●

Est-ce que les professeurs organisent des sorties culturelles?
- Oui, souvent ils emmènent des élèves au théâtre ou aux galeries d'art.

Et en géographie et en géologie, est-ce qu'on fait des études sur place?
- Oui, chaque trimestre nous allons en groupe passer une semaine ou un weekend sur un site pour étudier la géographie, les roches, etc.

(d) Les visites à l'étranger *trips abroad* (1.3 and 6.6)

●

un échange	exchange
en famille	with a family

●●●

la ville jumelée	twin town
être jumelé avec	to be twinned with
séjourner	to stay

● ●● ●●●

Est-ce que des groupes vont à l'étranger?
- Oui, toute l'année. Béziers est jumelée avec Stockport, alors beaucoup d'élèves vont là-bas.

Alors ton école fait des échanges avec des écoles de Béziers?
- Oui, en août on organise un échange, et nous séjournons dans des familles françaises ou chez nos correspondants.

(e) D'autres événements *other events*

●●●

la réunion avec les parents	parents' evening
la remise des prix	prize giving/'speech day'
les compétitions sportives	'sports day'

7 Dans la salle de classe
in the classroom

● ●● ●●●

la trousse	pencil case	le torchon	duster; cloth
le stylo; le bic	pen; biro	le(s) bureau(x)	(teacher's) desk(s)
le feutre	felt tip pen	le tiroir	drawer
le crayon	pencil	le bâton de colle	glue stick
la gomme	rubber	le scotch	adhesive tape
la règle	ruler	les ciseaux (m.)	scissors
le cartable	school bag; briefcase	le trombone	paper clip
		la perforeuse	hole-puncher
le livre	(text) book	une agrafeuse	stapler
le cahier	exercise book	le globe; la mappemonde	globe
la chemise	folder (sleeve type)		
le classeur	folder (ring binder)	le(s) panneau(x)	notice board(s)
le rapporteur	protractor	la punaise	drawing pin
une équerre	set square	les avis (m.)	notices
		le poster; une affiche	poster
le magnétophone	tape recorder		
la cassette	cassette	les appréciations (f.)	comments; appraisal
la bande	tape	excellent	excellent
enregistrer	to record	très bien	very good
effacer	to erase; to wipe off	bien	good
le micro(phone)	microphone	assez bien	quite good
(dé)brancher	to (un)plug	passable; moyen	average
		faible	poor
un écran	screen	bien présenté	neat
le projecteur	projector	mal présenté	untidy
le film	film; film-strip	à refaire	repeat
la diapo(sitive)	slide		
le rétroprojecteur	overhead projector		
le transparent	transparency		
le magnétoscope	video recorder		
une antenne	aerial		
le(s) rideau(x)	curtain(s)		
tirer	to draw		
le store	blind		
le tableau	board		
la craie	chalk		

Écoutez bien! *Listen carefully!*

●

sortir	to take out (books); to go out
ouvrir	to open
fermer	to close
finir	to finish
aller chercher	to (go and) fetch
ranger les affaires (f.)	to tidy away things
s'asseoir	to sit down
se lever	to get/stand up
se tourner	to turn round

●●

se taire	to keep quiet
corriger	to correct
emprunter	to borrow
distribuer	to give out

● ●● ●●●

Bonjour . . . asseyez-vous!
- Sortez vos livres et ouvrez à la page 17.
- Paul, distribue les cahiers que j'ai corrigés.
- Henri, débranche le magnétophone et prépare/branche le magnétoscope. Nous allons enregistrer une émission.
- Valérie, va chez M. Butor emprunter des transparents.
- Claire, efface le tableau.
- Taisez-vous . . . écoutez bien!
- Finissez cet exercice comme devoirs à la maison.

Rangez vos affaires . . . mettez-vous en rang. Allez! Sortez.

●●●

ramasser	to collect in; to pick up
se mettre en rang	to line up

B LES MÉTIERS ET L' AVENIR
JOBS AND THE FUTURE

1 Parler des possibilités
talking about the possibilities

●

le métier	occupation *(4. below)*
la profession	profession
un emploi/ un travail	job
le travail	work
à mi-temps	part-time
espérer	to hope
vouloir	to wish; to want
désirer	to want
préférer; aimer mieux	to prefer *(1.4c)*
quitter	to leave
travailler	to work
devenir	to become
penser	to think
savoir (sais, *pres. tense*)	to know (facts)
connaître	to know (person/ place)
décider de; se décider à	to decide to
choisir	to choose
chercher	to look for
trouver	to find
continuer à	to continue
le projet	plan
le(s) bureau(x)	office(s)
en plein air	in the open air
gagner sa vie	to earn one's living *(12.1.)*

●

Qu'est-ce que tu veux/espères faire après avoir quitté ce collège?
- Je veux aller en 'Sixth Form'.
- Je veux travailler dans une banque/ être employé(e) aux P.T.T.
- Je veux être mécanicien.
- Je ne sais pas encore.

●●

Quels sont tes projets pour l'avenir?
- Je veux aller à l'université. Je veux devenir pharmacien(ne).
Mais d'abord je dois réussir/il faut que je réussisse mes 'A Levels'.

Et toi, qu'est-ce que tu as décidé de faire?
- J'ai l'intention de devenir infirmier (-ière), mais ça dépend des résultats de mes examens. *(See 5. above)*

Est-ce que tu préférerais travailler dans un bureau ou en plein air?
- Je préférerais travailler en plein air.
Je veux être jardinier/facteur/joueur de tennis.
- J'aimerais mieux un poste dans un bureau. J'ai l'intention d'être programmeur en informatique.
- Je n'aime ni l'un ni l'autre. Je voudrais être hôtesse de l'air. Je veux voyager et voir d'autres pays.

le salaire	salary
intéressant	interesting
dangereux -euse	dangerous
ennuyeux -euse	boring
nécessaire	necessary
encore	yet
comme	as
c'est-à-dire	that is

••

permanent	permanent
temporaire	temporary
le poste;	job; post;
la situation	appointment
le boulot; le job	job
la carrière	career
avoir	to intend to
l'intention de	
dépendre de	to depend on
conseiller	to advise
réussir	to succeed

•••

à temps partiel	part-time
livrer	to deliver
suivre	to follow
un(e) conseiller -ère	careers officer
d'orientation	
spécialiser	to specialise
la qualification	qualification
faire une licence	to do a degree
faire un stage	to do a practical
	training course
la formation	occupational
professionnelle	training

••   •••

Tu as un boulot à mi-temps/à temps partiel?
- Oui. Je travaille dans un supermarché tous les samedis/je livre des journaux.

Est-ce que tu as beaucoup d'ambition?
- *Oui*, j'espère être médecin, au début dans un hôpital, et plus tard dans un cabinet médical à Londres. *(15.2)*
- *Oui*, je veux être agent de police. Je suivrai un programme de formation professionnelle, et j'espère être promu au rang d'inspecteur.

•••

Qu'est-ce que tu dois faire pour devenir mécanicien?
- On doit être admis en apprentissage: ça dure trois ans. On est placé dans un garage de la région, et on fait des stages, par exemple chez un électricien-auto. Donc on fait de la théorie et de la pratique/on fait une formation pratique et théorique, et on reçoit au bout de trois ans un certificat d'aptitude professionnelle.

être admis en	to be taken on
apprentissage	as an apprentice
en qualité de	as; in the capacity of
être promu	to be promoted
le rang	rank
la théorie	theory
la pratique	practice
être placé	to be placed at
recycler	to retrain
le recyclage	refresher course

2   Être sans travail
to be without work

••

un(e) chômeur -euse	unemployed person
être au chômage	to be on the dole
L'ANPE	Job Centre
(Agence Nationale	
Pour l'Emploi)	
le licenciement	redundancy
licencier	to lay off
un(e) salarié(e)	wage-earner
blesser	to injure

•••

être à la retraite	to be retired
la pension . . .	retirement/
de retraite/	old age
de vieillesse	. . . pension
renvoyer;	to sack;
congédier	to dismiss
une indemnité	compensation
	allowance

••   •••

Où est-ce que ton père travaille exactement?
- *Il ne travaille pas . . .*
- Il est au chômage, mais il continue à chercher du travail. Il va chaque semaine à l'ANPE, et il cherche dans tous les journaux.
- Il est à la retraite depuis un an.
- Il a été licencié. L'usine où il travaillait a fermé l'année dernière.
- Il a été blessé au travail et (il) ne travaille plus.

Alors tu a des problèmes d'argent?
- Oui, mais mon père reçoit l'allocation chômage et en plus les allocations familiales. *(12.1)*
- Pas tellement. Il reçoit une pension de retraite et une pension de vieillesse.
- Pas en ce moment, parce qu'il a reçu une indemnité de licenciement.
- Non, heureusement il a reçu en compensation une indemnité d'accident de travail.

3 Faire une demande d'emploi
applying for a job

••

une entrevue	interview

•••

le formulaire	application form
(de demande)	
le curriculum vitae;	curriculum vitae;
le CV	CV

écrire pour présenter	to write a letter
votre candidature	of application
envoyer une lettre	to send off a letter
de candidature	of application

Comment présenter un CV . . . les titres
How to set out a CV . . . the headings

CURRICULUM VITAE	**CURRICULUM VITAE**
Nom	**Name**
Prénom	**First name**
Adresse	**Address**
Téléphone	**Telephone**
Nationalité	**Nationality**
britannique	British *(1.3)*
Date et lieu de naissance	**Date and place of birth**
Situation de famille	**Marital Status** *(1.4b)*
célibataire/marié(e)	single/married
Études et diplômes	**Education and qualifications**
8 GCSE (examen à 16 ans) 1983	8 GCSE passes
4 Advanced Levels (équivalent du baccalauréat)	4 A Levels
City High School 1985	
LI.B. (équivalent de la licence en droit)	LI.B. degree
London University 1988	
Formation Professionnelle	**Professional Training**
Formation de haut niveau	Advanced Training Course
à l'école supérieure	at . . . Computer College
d'informatique de . . .	
Cours de secrétariat bilingue	Bilingual Secretarial Course
Expérience professionnelle	**Work experience**
2 ans: Programmeur à . . .	2 years: Computer programmer at . . .
3 ans: Secrétaire bilingue à . . .	3 years: Bilingual secretary at . . .
Langues	**Languages**
anglais: langue maternelle	English: native language
espagnol: lu, parlé, écrit couramment	Spanish: read, spoken, written fluently
Séjours à l'étranger	**Periods abroad**
1 an à Madrid, 1983-84	1 year in Madrid, 1983-84
3 mois à Paris, 1982	3 months in Paris, 1982
Loisirs	**Leisure activities**
Natation, théâtre	Swimming, theatre
Renseignements complémentaires	**Other information**
Permis de conduire	Driving licence
Travail à mi-temps dans une	Part-time work in a
agence de voyages	travel agency

occupations

(Remember: The article is not used with occupations)
e.g.: Il est dentiste.   Elle est vendeuse.

Les affaires et le commerce
business and commerce

●
un(e) employé(e) . . .	clerk; employee
de bureau/	office worker
de banque/	bank clerk
des P.T.T./	post office clerk
dans une agence	travel agency
de voyages/	clerk
d'assurances	insurance clerk
un(e) secrétaire	secretary

●●
un(e) dactylo	typist
le programmeur	programmer
un ordinateur	computer
être dans	to be in
l'informatique (f.)	computers
un homme/une	businessman/
femme d'affaires	woman
être dans les	to be in
affaires	business

●●●
un(e) représentant(e)	representative
un(e) téléphoniste	telephonist
une hôtesse; un(e)	receptionist;
standardiste	telephonist
un(e) réceptionniste	receptionist
un(e) secrétaire	bi/trilingual
bi/trilingue	secretary
un(e) secrétaire	personal assistant/
de direction	secretary
un(e) sténodactylo	shorthand typist
(-graphe)	
taper à la machine	to type
le traitement de	word processor
textes	
un analyste-	systems analyst
programmeur	
un(e) fonctionnaire	civil servant; local
	govt. office worker
un(e) interprète	interpreter
un(e) traducteur -trice	translator

Les hommes de loi
the legal profession

●●
un(e) avocat(e)	lawyer (in court)

●●●
le juge	judge
le notaire	solicitor

Les magasins   *shops (10)*

●
un(e) épicier -ière	grocer
un(e) boulanger -ère	baker
un(e) boucher -ère	butcher
un(e) vendeur -euse	sales person

●●
un(e) pharmacien(ne)	pharmacist
un(e) charcutier -ière	pork butcher
le petit commerçant	shopkeeper

●●●
un(e) caissier -ière	cashier; check-out
	person

L'hôtellerie et la restauration
hotel and catering

●
le garçon (de café)	waiter
le serveur	waiter
la serveuse	waitress
un(e) cuisinier -ière	cook
le chef (de cuisine)	chef
la femme de chambre	chambermaid
un(e) patron(ne)	boss

●●●
le barman	barman
la barmaid	barmaid
une hôtesse d'accueil	receptionist
un(e) réceptionniste	receptionist
un(e) propriétaire	owner; proprietor

Les Transports   *Transport (8)*

●
le chauffeur . . .	driver
d'autobus/	bus driver
d'autocar/	coach driver
de train/	train driver
de camion	lorry driver
le poids lourd	heavy goods (vehicle)
une hôtesse de l'air	air hostess

●●
le pilote	pilot
(la femme pilote)	

●●●
le steward	(air) steward
le chauffeur-livreur	delivery driver
le (chauffeur) routier	long distance lorry
	driver

Au garage; à la station-service
at the garage/service station

•

le garagiste	garage owner
un(e) mécanicien(ne)	mechanic

• •

un(e) pompiste	petrol-pump attendant

Les services de secours
the emergency services (15.4)

•

un agent de police	policeman
la femme agent	policewoman
le (sapeur-)pompier	fireman

• •

le gendarme	policeman (in small towns/country areas)

• • •

le policier	policeman
un(e) ambulancier -ière	ambulanceman/woman

Les professions médicales
medical professions

•

le docteur;	doctor (m./f.)
le médecin	
un(e) dentiste	dentist
un(e) infirmier -ière	nurse
un hôpital	hospital

• •

le chirurgien	surgeon
un(e) assistant(e) de laboratoire	laboratory assistant

• • •

un(e) kinésithérapeute	physiotherapist
un(e) radiologue	radiographer
la sage-femme	midwife
un(e) vétérinaire	vet(erinary surgeon)
un(e) laborantin(e)	laboratory assistant

L'industrie et la technologie
industry and technology

•

un(e) ouvrier -ière	worker
une usine	factory

• •

un(e) scientifique	scientist
un ingénieur (une femme ingénieur)	engineer
un(e) dessinateur -trice	designer
un(e) dessinateur -trice industriel(le)	draughtsman/woman

• • •

le mineur *(1.2)*	miner
le pêcheur	fisherman

L'industrie du bâtiment
the building trade

• •

le maçon	bricklayer
un électricien	electrician
le plombier	plumber
le décorateur	decorator
un atelier	workshop

• • •

un entrepreneur	builder
le menuisier	joiner
le charpentier	carpenter
le peintre	painter
le plâtrier	plasterer
le soudeur	welder

Les forces armées
the armed forces

●●
le militaire	serviceman
le service militaire	military/national service

●●●
le soldat	soldier
le marin	sailor
un officier	officer
entrer dans . . .	to join . . .
l'armée de terre/	the army/
l'armée de l'air/	the air force/
la marine de guerre	the navy
s'engager dans	to enlist in

La direction et la main-d'œuvre
management and workforce

●
un employeur	employer
un(e) employé(e)	employee
un(e) directeur -trice	manager (e.g., bank, business, hotel)

●●
l'administration (f.)	administration
le syndicat	union
être syndiqué	to be in a union
se mettre en grève	to go on strike

●●●
un(e) délégué(e) syndical(e)	union rep; shop steward
un(e) gérant(e)	manager (e.g. hotel, shop)

Les media   *the media*

●●
un(e) journaliste	journalist
le reporter	reporter
un(e) photographe	photographer
un(e) animateur -trice	compère (T.V.) (Also: youth leader)

●●●
un(e) speaker(ine)	newsreader
un(e) présentateur -trice	presenter (T.V./radio)

La mode   *fashion*

●●●
le mannequin	model (m./f.)
le couturier	fashion designer
un(e) dessinateur, -trice (de mode)	(fashion) designer

Le monde du spectacle
show business (13.C)

●
un(e) acteur -trice	actor/actress
un(e) musicien(ne)	musician
un orchestre	band; group

●●
une ouvreuse	usherette

●●●
faire du théâtre	to go on the stage

Travailler en plein air
working in the open air

●
un(e) fermier -ière	farmer (small)
un(e) facteur -trice	postman/woman

●●
un agriculteur	farmer (large)
l'agriculture (f.)	agriculture
le jardinier	gardener

●●●
un(e) laitier -ière	milkman/woman
le laveur de vitres	window cleaner
un(e) livreur -euse	delivery person
un(e) contractuel(le)	traffic warden

Les gens de maison
home helps

●●●
la garde d'enfant	child-minder
la jeune fille au pair	au pair girl
une aide familiale	mother's help
la femme de ménage	home-help; cleaner
un(e) baby-sitter	babysitter
faire du baby-sitting	to babysit

L'enseignement   *education*

●
le professeur	teacher (m./f.)
un(e) directeur -trice	headteacher
un(e) assistant(e) de langue étrangère	foreign language assistant
un(e) étudiant(e)	student

●●
un(e) concierge	caretaker

●●●
un(e) instituteur -trice	primary school teacher
un(e) surveillant(e); un(e) pion(ne)	superviser (A.1. above)

1 Les projets
plans

(a) Où   Where?

●

d'habitude	usually
être en vacances	to be on holiday
partir en vacances	to go off on holiday
demander des renseignements (m.)	to make enquiries
une agence de voyages	travel agency
la brochure	brochure
coûter	to cost
passer	to spend (time)
aimer	to like; to love
préférer	to prefer
agréable	pleasant
ennuyeux	boring
un endroit	place
beaucoup de monde	a lot of people
trop de monde	too many people
le temps	the weather (7)
au bord de la mer	at the seaside
à la campagne	in the country
chez des parents (m.)	with relations
à l'étranger	abroad (6.6 & 1.3)
faire un échange	to go on an exchange
la visite scolaire	school visit/trip
une école des langues	language school

●●

se souvenir de	to remember

●●●

avoir les moyens (m.)	to afford (12.1)
projeter	to plan
une colonie de vacances	holiday camp (children's)
aventureux -euse	adventurous

●

D'habitude, où passes-tu les vacances?
- Je vais au bord de la mer, en Écosse ou au Pays de Galles. (1.3)

Et cette année, où vas-tu passer les vacances?
- Je vais faire un séjour chez mes parents/chez mon cousin/ ma tante à Édimbourg. (1.4)
- Je vais rester à Bristol. J'ai besoin d'argent, alors je vais travailler dans un supermarché.
- Je vais chez ma correspondante à Lille.
- Je ferai un échange scolaire. Je vais passer une semaine dans une famille à Nice, et leur fils reviendra avec moi passer une semaine chez nous.
- J'espère aller en France avec mes parents. Nous avons des brochures de l'agence de voyages, mais nous n'avons pas encore décidé de l'endroit. Les vacances sont si chères. Nous devrons faire des économies!

Tu préfères aller à l'étranger ou rester en Angleterre?
- Je préfère aller à l'étranger. Ça change. Tout y est si différent: les bâtiments, les véhicules, les magasins. Et en plus le voyage fait partie des vacances: si tu pars/y vas en avion le vol est très chouette, et j'aime aussi prendre le bateau.

●●   ●●●

Est-ce que tu aimerais des vacances différentes/faire quelque chose de plus aventureux?
- Oui, j'en avais marre d'aller à la même station balnéaire tous les ans. Depuis trois ans je vais dans un centre de vacances en Écosse, où on peut faire de l'escalade, faire du canoë et se mettre en forme après une longue année scolaire.

(b) Avec qui? *Who with?* _____

●

avec ma famille	with my family
avec des amis	with some friends
dans un groupe	in a group
seul(e)	alone

Avec qui pars-tu?
- L'été, pendant les grandes vacances je pars avec toute ma famille. A Pâques et aux autres fêtes, je vais faire du camping avec des amis ou je vais en auberge de jeunesse.

(c) Quand? *When?* _____

●

pendant les grandes vacances	during the summer holidays
les vacances de Noël/de Pâques	Christmas/Easter holidays *(14.3)*
souvent	often
l'année dernière/ prochaine	last/next year
les fêtes (f.)	bank holidays *(14.3b)*

Et l'année dernière, où es-tu allé?
- Pendant les vacances de Noël je suis allé avec mon école/ collège faire du ski en Italie/faire des sports d'hiver. *(13.D.3)*

●●

au cours de l'hiver	during the winter
le jour férié	public holiday

(d) Pour combien de temps? *How long for?* _____
(See also 17)

●

le séjour	stay
quelques jours	a few days
le weekend	weekend
la semaine	week
huit jours	week
quinze jours	fortnight
depuis	since; for
pendant	for (past & present)
pour	for (future)
rester	to remain
loger dans	to stay; to put up at

Tu as passé combien de temps là-bas?
- Huit jours, mais l'année prochaine nous irons pour deux semaines. Le ski c'est chic!

descendre dans/à un hôtel	to stay at a hotel
la fois	time; occasion
chaque	each
longtemps	for a long time

2 Le voyage
the journey

●

une autoroute	motorway
le péage	motorway toll (point)
en prenANT	takING
utilisANT	usING

●●

décrire	to describe
la durée	duration
le vol	flight
gêner	to annoy

●●●

le périphérique	ring road
se relayer	to take turns
le volant	steering wheel
rejoindre	to (re)join
affamé	starving
palpitant	exciting

●●   ●●●

L'année dernière, tu es allé à Sitges, n'est-ce pas?
Peux-tu me décrire le voyage de Liverpool?

En voiture (8A.5)

Nous sommes partis de Liverpool de bon matin et nous sommes allés jusqu'à Douvres par l'autoroute, utilisant la nouvelle autoroute périphérique de Londres, la M25. Ça a pris seulement 6 heures.

Arrivés à Douvres, nous avons pris l'aéroglisseur à Calais, une traversée (un vol) qui n'a duré que 35 minutes. *(8B.4)*

Peu après nous avons pris la (Route) Nationale 43, et nous avons rejoint l'autoroute près de Béthune.

Nous avons passé la nuit à Paris pour nous reposer un peu; le voyage de Paris jusqu'en Espagne est très long, environ 900 kilomètres.

Nous avons pris l'A6, 'l' Autoroute du Soleil' via Lyon, en prenant l'A9, La 'Languedocienne' à Orange.

Mes parents se sont relayés au volant et nous nous sommes arrêtés à plusieurs stations-services. Ce qui nous a gênés/ennuyés c'est le prix; sur les autoroutes en France les péages sont fréquents et très chers.

Après 14 heures nous sommes arrivés à la frontière espagnole près de la Junquera. Nous sommes passés à la Douane sans incident et nous avons traversé/franchi la frontière. *(6.6 & 8B.6)*

Trois heures plus tard nous sommes arrivés à Sitges, fatigués et affamés.

La prochaine fois nous prendrons l'avion!

En avion (8B.5)

Nous avons pris un taxi jusqu'à l'aéroport de Liverpool. Puis nous avons pris l'avion pour Barcelone. La durée du vol est (a été) de deux heures et demie./Le vol a duré deux heures et demie. Arrivés à Barcelone, un autocar nous a emmenés à l'hôtel à Sitges.

Tu as aimé le vol?

- *Oui*, je trouve que c'est une expérience palpitante. Le voyage fait partie des vacances.
- *Non*, j'avais très peur, mais quand même je préfère prendre l'avion plutôt que (de) passer toute une journée dans un autocar!

3 Demander des renseignements au Syndicat d'Initiative ▬▬
making inquiries at the Tourist Office

●

le SI; l'Office (m.) de tourisme	tourist office
les informations (f.) touristiques	tourist information
le plan	street plan
la carte	map
la liste des hôtels/ des excursions (en car)/ des restaurants	list of hotels/ (coach) excursions/ restaurants
le programme des fêtes	programme of events
la foire	fair
la publicité	advert(isement); publicity

●●

le guide	guidebook
le dépliant	leaflet
s'informer	to make enquiries
une affiche	poster
la petite annonce	small 'ad'
avoir lieu	to take place
la séance	show *(13.C)*
les curiosités (f.)	sights
le festival	festival
le son et lumière	night-time pageant/ spectacle
se renseigner	to ask for information

●●●

le projecteur	floodlight, spotlight
illuminer; éclairer	to illuminate; to light up
évoquer	to evoke; to recall
le bureau d'accueil	tourist office
la fête foraine	fun fair (travelling)
le carnaval	carnival
le casino	casino
le plan du réseau de transport urbain	public transport map

●

Je voudrais une liste des hôtels, s'il vous plaît.
- Voilà, et prenez aussi ce plan de la ville. Je peux faire une réservation par téléphone si vous voulez. *(5.1)*
- Oui, merci.

●●

J'ai vu des publicités/une affiche sur la fête foraine. (●●●) Où a-t-elle lieu?
- Je vous donne un programme des fêtes, où vous trouverez tous les détails. Nous vendons aussi un très bon guide qui donne toutes sortes d'informations touristiques, surtout sur les curiosités de la ville.

Y a-t-il des festivals cet été?
- Oui. Il y a le festival de musique folk et le carnaval des fleurs. Voilà les dépliants.

Avez-vous des détails sur les cinémas; c'est-à-dire les films qu'on présente, les heures des séances et les prix? *(13.C)*
- Oui, voilà un dépliant, mais il vaudrait mieux regarder dans les journaux.

●●   ●●●

Et le (spectacle) 'son et lumiére', qu'est-ce que c'est?
- Eh bien, des monuments historiques, par exemple les châteaux du val de Loire, sont illuminés/éclairés par des projecteurs; ça c'est *la lumière*.
Puis, *au son* de la musique, des acteurs en costume jouent des scènes qui évoquent l'histoire du site.

4 Pour vous divertir ▬▬
for your entertainment

(a) Visiter les curiosités *sightseeing* ─────────

●

un(e) touriste	tourist; holiday-maker
une excursion en car	coach tour/trip
une excursion guidée	guided tour
la visite	visit
le monument	monument

●

Jean, qu'est-ce que nous allons faire cet après-midi?
- Allons faire une excursion en autocar dans les châteaux de la Loire. Ce n'est pas cher, et on visite les Châteaux de Chenonceaux, de Chambord et d'Azay-le-Rideau.
- Bonne idée. N'oublie pas ton appareil.

le(s) château(x)	stately homes; castles
le musée	museum
intéressant	interesting
l'histoire locale	local history
oublier	to forget
un appareil(-photo)	camera
s'amuser; se distraire	to amuse oneself; to have fun

●●

| en avoir marre | to be fed up |

●●●

flâner	to stroll
se relaxer	to relax
la terrasse d'un café	a café terrace

●●　　**●●●**

J'en ai marre/J'en ai assez des excursions! Qu'est-ce qu'on fera demain? On ira au musée?
- Non. Allons flâner en ville, faire du shopping et reposons-nous à la terrasse d'un café. *(9.C)*

(b) Les distractions et les loisirs *entertainments and leisure activities (13)*

●

le cinéma	cinema
le spectacle	show
la discothèque	disco
la boîte de nuit	night club
danser	to dance

●●　　**●●●**

le parc d'attractions	amusement park
la fête foraine	fun fair
le cirque	circus
le zoo	zoo
un éléphant	elephant
le lion	lion
le tigre	tiger
le chameau	camel

●

Qu'est-ce que tu as fait hier soir?
- Nous sommes allés au cinéma voir un film policier, puis nous avons dîné au restaurant 'Pont Neuf'. Après nous avons dansé presque toute la nuit dans une discothèque/à la 'Flèche d'or'/ en boîte. *(13.B.1)*

le singe	monkey
le loup	wolf
un ours	bear
le serpent	snake
le clown	clown

(See also farm animals, 6.4; pets, 1.8)

(c) Sur la plage *on the beach*
(See also 6.5 and 13.D.4)

●

jouer au football/ volleyball	to play football/ volleyball *(13.D)*
nager	to swim
se baigner	to bathe

●

Quand il fait beau, qu'est-ce que tu fais sur la plage?
- Je joue au football/volleyball. Je nage/je me baigne dans la mer.
- Je me détends/je m'étends sur mon matelas pneumatique/ dans une chaise longue (**●●●**).

le matelas pneumatique	airbed
se faire bronzer	to get brown
bronzé	tanned
faire du surf	to go surfing
faire de la planche à voile	to go wind-surfing
faire de la voile/ du bateau	to go sailing
se noyer	to drown
la crème solaire	sun tan cream (10.7)
prendre un coup de soleil	to get sunburnt (15)
la marée haute/ basse	high/low tide

●●●

la chaise longue; le transat(lantique)	deckchair
se détendre	to relax
s'étendre	to stretch out
le(s) château(x) de sable	sandcastle(s)
le seau	bucket
la pelle	spade
faire du poney	to have a 'donkey' ride
le guignol	puppet show; punch and judy
l'esplanade (f.)	promenade
le grand feu d'artifice	fireworks display
le voilier	sailing boat
le pédalo	pedal-boat
ramer	to row

●●

Tu bronzes facilement?
- Non. Il faut que j'utilise beaucoup de crème solaire. L'année dernière j'ai pris un coup de soleil et j'ai dû rester au lit pendant deux jours.

●●   ●●●

Fais-tu des sports nautiques? (13.D.4)
- Je fais du surf, mais mon ambition est de faire de la planche à voile. Je dois faire des économies!
- *Non*, je ne suis pas du tout sportif. Ça me suffirait de louer un pédalo pour une demi-heure!

●●●

Et tes petites sœurs, que font-elles?
- A marée basse, elles aiment construire des châteaux de sable avec leur(s) seau(x) et leur(s) pelle(s) et faire du poney sur la plage.
- À marée haute elles regardent le guignol sur l'esplanade.
- Le soir elles assistent au (vont voir le) grand feu d'artifice.

(d) Les environs   *the surrounding area*

●

faire une promenade (en vélo)	to go for a walk (a bike-ride)
faire un pique-nique; pique-niquer	to have a picnic
en plein air	in the open air

●●●

faire des randonnées (f.)	to go hiking
les alentours (m.)	surroundings
explorer	to explore

●

Ça vous intéresserait d'explorer les environs?
- Oui. Ç'est dangereux de rester au soleil toute la journée. Alors on pourrait faire des randonnées dans les alentours, ou on pourrait pique-niquer/faire des pique-niques. (9.1)
- On pourrait faire des promenades en vélo, pour chercher des boutiques où on pourrait acheter des souvenirs pour nos amis, ou on pourrait passer une heure au bord d'une rivière à écrire des cartes postales.

(e) Les vacances idéales   *the perfect holiday*

●●   ●●●

convenir	to suit
parfaitement	perfectly

●●   ●●●

Décris-moi tes vacances idéales.
- J'aimerais aller au Portugal. Le climat me conviendrait parfaitement, parce qu'il ne fait pas trop chaud. (1.3)
En plus ce n'est pas trop cher là-bas, et on m'a dit que les gens sont/étaient très sympathiques.

cheap marché

1 Les possibilités; réserver à l'avance
possibilities; booking in advance

●

aller	to go
partir (pars, *pres. tense*)	to leave; to set off
chercher	to look FOR
trouver	to find
écrire (directement)	to write (directly)
prendre du temps	to take time
téléphoner	to telephone *(11.B)*
envoyer	to send
les renseignements (m.)	information; enquiries
la lettre	letter
la réponse	reply
réserver; faire une réservation	to reserve; to make a reservation
les arrhes (f.)	deposit
descendre dans/à un hôtel	to stay at a hotel
aller dans une auberge de jeunesse	to stay in a youth hostel
la pension	boarding house
louer un gîte	to rent a 'gîte'
faire du camping	to go camping
un emplacement	a camping 'pitch'
coûter	to cost
le prix	price
le tarif	price
trop/moins cher -ère	too/less expensive
bon marché*	cheap marché
rencontrer	to meet
la personne	person
un adulte	adult
le garçon	boy
la fille	girl; daughter
passer	to spend (time)
le séjour	stay; period of time
à partir de	as from
complet	full complet
fermé	closed

Les possibilités

●

D'habitude, où loges-tu quand tu vas en vacances?
- Ça dépend. L'année dernière nous sommes descendus dans un hôtel à Llandudno. Cette année nous avons loué/ allons louer un gîte en Bretagne. Mais quand je pars en vacances avec des amis, nous faisons du camping ou nous allons dans des auberges de jeunesse.

●●

Tu préfères faire du camping ou aller dans une auberge de jeunesse?
- Je préférerais loger dans un hôtel si j'avais de l'argent! Mais faire du camping ou aller dans les auberges c'est moins cher et en plus on peut rencontrer d'autres jeunes.

●●●

Si vous voulez passer le week-end quelque part, qu'est-ce que vous faites?
- Nous séjournons dans une pension, que nous cherchons sur place. Ça n'est pas très luxueux/Ce n'est pas le grand luxe mais ça va pour une ou deux nuits, et il n'y a pas de problèmes de place avant la pleine saison.

ouvert	open
toute l'année	all year round
remercier	to thank

●●

loger	to stay at (hotel)
contacter	to contact
(me) faire savoir	to let (me) know
indiquer	to show; to tell
fournir	to provide
les détails (m.)	details
le Guide Michelin	Michelin Guide

trois étoiles (f.)	three star
la pleine/basse saison	high/low season
le grand luxe	great luxury
●●●	
luxueux	luxurious
confirmer	to confirm
envisager	to consider; to intend
arranger	to arrange
séjourner	to reside; to stop
le coupon-réponse international	international reply coupon
sur place	on the spot

*invariable

Réserver à l'avance

● ●●

Je voudrais faire un séjour à Tours.
Peux-tu m'aider à faire une réservation?
- Oui. Tu peux écrire au Syndicat d'Initiative pour obtenir une liste des hôtels/des campings.
Ou tu peux contacter le Bureau de Tourisme français à Londres.
Ou tu peux trouver une adresse dans le guide des auberges de jeunesse/le guide du Routard, et écrire directement.
(4.3)

Oui . . . mais ça prend du temps.
Ne serait-il pas plus facile de téléphoner?
- Oui, tu peux faire la réservation par téléphone, et envoyer des arrhes pour confirmer la réservation.

Monsieur,

Je voudrais réserver:
- une chambre pour deux personnes avec douche.
- un emplacement pour une tente. Nous sommes deux adultes et trois enfants.
- des lits dans votre auberge de jeunesse. Nous sommes trois garçons et trois filles.

Nous envisageons de passer cinq nuits, à partir du 15 juin.

Pourriez-vous m'indiquer le prix d'un tel séjour?

Voudriez-vous me fournir aussi des détails/renseignements sur l'hôtel/le camping/l'auberge de jeunesse/les repas/les environs?

Veuillez trouver ci-joint un coupon-réponse international.

En vous remerciant d'avance, je vous prie d'agréer, Monsieur, l'assurance de mes sentiments distingués.

Pierre Dupont

Pierre Dupont

2 Dans un hôtel
in a hotel

l'arrivée (f.)	arrival
arriver	to arrive
venir	to come
la réception	reception
la date	date
la porte d'entrée	front door
la chambre	(bed)room
de libre	free; vacant
à deux lits	with two beds
avec un grand lit	with a double bed
avec douche/bain	with shower/bath
donner sur	to overlook
y compris	including
rester	to remain
la pension complète	full board
la demi-pension	half board
le numéro	number
la clé, la clef	key
fermer à clé	to lock
les bagages (m.)	luggage
la valise	suitcase
monter (dans)	to take up (Also: to get on vehicle, 8A & B)
porter	to carry; to wear
un escalier	stairs; staircase
un ascenseur	lift
un étage	floor; storey
le rez-de-chaussée	ground floor
la sortie de secours	emergency exit
Combien ça coûte . . .?	How much is . . .?
coûter	to cost
le prix; le tarif	price
Combien de jours . . .?	How many days...?
une nuit	one night (4.1d & 17)
la semaine prochaine/suivante	next/the following week
à partir de	(as) from
la fiche	form; index card
remplir	to fill in
le passeport	passport
la réceptionniste	receptionist
un(e) patron(ne)	boss
un(e) directeur -trice	manager(ess)
la femme de chambre	chambermaid
privé	private
la salle de bain	bathroom
la salle de séjour	lounge
la salle à manger	dining room
le restaurant	restaurant
le bar	bar
les repas (m.)	meals (9)
le petit déjeuner	breakfast
(non) compris	(not) included
le dîner	dinner
servir; servi	to serve; served
les W.C. (m.); les toilettes (f.)	toilet(s)

Est-ce que je peux vous aider, monsieur?
- Oui, je voudrais une chambre à deux lits, et une chambre avec un grand lit et douche.
- Pour combien de nuits?
- Pour quatre nuits au moins.
- Attendez un instant. Oui, chambres 7 et 10. Elles/Les chambres sont au premier étage. Voici les clés. Voulez-vous remplir cette fiche, s'il vous plaît?
- Oui. Y a-t-il un ascenseur?
- Non, nous n'en avons pas/il n'y en a pas. Je vais monter vos bagages.
- Est-ce que je peux téléphoner d'ici? (11.B)
- Oui. Il y a un téléphone dans votre chambre.

Avez-vous des chambres de libres?
- Vous avez réservé/vous avez fait une réservation?
- Non.
- Je regrette, monsieur c'est complet. Mais il y a un autre hôtel en face où il reste de la place.

Quel est le prix d'une chambre pour une nuit?
- C'est 120 francs avec douche ou 140 francs avec salle de bain, y compris le petit déjeuner.
- Je préfère avec douche. Puis-je voir la chambre?
- Bien sûr. Venez avec moi.
- Hum. Ce n'est pas très grand, et je n'aime pas la vue. Puis-je voir l'autre chambre?
- Oui. Par là.
- Bon, c'est mieux. Je prends celle-ci.

Vous avez un restaurant à l'hôtel?
- Oui. Vous désirez la pension complète monsieur?
- Non, la demi-pension. Les repas sont à quelle heure?
- Le petit déjeuner est servi à partir de 7h30, et le dîner à 6 heures.

L'hôtel ferme à quelle heure?
- La porte d'entrée est fermée à minuit, mais vous avez une clef. De plus le concierge est de service (●●) la nuit.

Excusez-moi, nous partons ce matin. Puis-je payer maintenant?
- Oui, voici la note.
- Vous acceptez les chèques de voyage?
- Bien sûr. Merci. N'oubliez pas de laisser vos clefs avant de partir.
- D'accord. Merci. Nous avons passé un agréable séjour ici.
- C'est très aimable à vous. Peut-être à une prochaine fois. Bon voyage!

Je regrette, monsieur, j'ai perdu la clef de ma chambre.
- Non, regardez. Vous l'avez laissée dans la salle à manger après votre petit déjeuner! (16)

le téléphone	telephone
le parking	car park
stationner	to park

(se) réveiller	to wake up
payer	to pay
le chèque	cheque (12)
le supplément	extra charge
l'hospitalité (f.)	hospitality
revenir	to come back
confortable	comfortable
moderne	modern

••

s'installer	to settle in(to)
un(e) concierge	caretaker
être de service	to be on duty

•••

le veilleur de nuit	night watchman/porter
les objets de valeur	valuables
le coffre-fort	safe
supporter	to put up with
coincé	stuck; trapped

SORTIE DE SECOURS

EN CAS D'INCENDIE
Briser la vitre
Poussez les portes

• ••

Bonjour, mon nom est David Henderson. J'ai fait une réservation: une chambre à deux lits.
- A partir de quand, et pour quelle durée?
- Pour quatre jours.
- Je ne vois rien dans le registre.
- Mais je vous ai écrit il y a trois semaines!
- Ce n'est pas grave/De toute façon nous avons des chambres disponibles. Vous voulez une chambre qui donne sur la plage?
- Oui.
- Bon, il y a le numéro 20 avec douche à 160 francs, avec un supplément de 18 francs pour le petit déjeuner.
- C'est trop cher.
- Alors, il y a le numéro 39 au troisième étage, sans douche. Mais il y a une salle de bain à l'étage. Si vous voulez l'utiliser, demandez la clef à la réception.
- Bon, je prends celle-ci.

•••

Est-ce que je peux laisser mon passeport et mes objets de valeur dans le coffre-fort?
- Oui, demandez à la réception.

Monsieur! L'ascenseur est coincé entre deux étages et ma fille est à l'intérieur!
- Restez calme, madame. Les pompiers vont arriver dans un instant. (15.7)

Je voudrais me plaindre   I'd like to complain

•

faire le lit	to make the bed
le drap	sheet
la couverture	sheet
un oreiller	pillow
du savon	some soap
la serviette de bain	bath towel
propre/sale	clean/ dirty
le lavabo	wash basin
le rasoir électrique	electric razor
appuyer sur le bouton	to press the button
frapper	to knock
sonner	to ring
changer de	to change
marcher	to work
le bruit	noise
un(e) voisin(e)	neighbour
d'à côté/	next door/
d'en face	opposite

••

bruyant	noisy
fonctionner	to work
se plaindre	to complain
critiquer	to criticize
faire payer plus	to overcharge
marquer	to mark up; to show
déranger	to disturb
satisfait de	satisfied

•• •••

Pardon, monsieur. Puis-je avoir un autre oreiller/du savon/une serviette propre/d'autres cintres?
- Oui, adressez-vous à la femme de chambre. Elle est à la réception.

Excusez-moi. Je voudrais parler au directeur.
- Vous avez un problème?
- *Oui, je voudrais me plaindre.*
- Il fait froid dans la chambre.
- Le chauffage central ne marche pas.
- L'eau n'est pas chaude.
- On n'a pas fait le lit.
- La lampe de chevet ne marche pas.
- La prise de courant pour le rasoir électrique ne fonctionne pas.
- Le lavabo est bouché.
- Bon, sonnez/frappez à la porte marquée 'Privé', le directeur vous recevra.
- Appuyez sur le bouton à la réception.

Vous m'avez fait payer plus cher que les tarifs marqués sur la porte de la chambre.
- Excusez-moi, madame, je pense que vous vous êtes trompée. Les prix que vous avez lus sont ceux de la basse saison, valables jusqu'au mois de mai. Nous sommes en août!

déçu	disappointed
apprécier	to appreciate
recevoir	to receive (admit)
la prise de courant	plug; socket
le cintre	coat hanger

●●●

bouché	blocked up
bloqué	blocked
la lampe de chevet	bedside lamp
supporter	to put up with

Monsieur, je veux changer de chambre. Je ne peux plus supporter le bruit de la chambre d'à côté!
- Ça ne vaut pas la peine de changer de chambre, monsieur. Vos voisins bruyants vont partir immédiatement après le petit déjeuner!

Légende (des abréviations)

T-A	**Ouvert toute l'année**	Open all year round		H	**Chambres accessibles aux handicapés physiques**	Rooms accessible to the disabled
	Parking	Parking				
G	**Garage**	Garage available			**Vue sur mer**	Sea view
	Piscine	Swimming pool			**Bord de plage**	By the sea
	Jardin	Garden			**Télévision**	Television
	Chiens admis	Dogs allowed			**Téléphone dans toutes les chambres**	Telephone in all rooms
	Ascenseur	Lift			**Climatisation**	Air conditioning
CC	**Chauffage Central**	Central heating				

---

3 Dans une auberge de jeunesse
in a youth hostel

●

le bureau	office
la carte	card
par jour	per day
la personne	person
un(e) gardien(ne)	warden
aider	to help
la cuisine	kitchen
préparer	to prepare
les repas préparés	cooked meals
nettoyer	to clean
ranger	to tidy up; put away
la poubelle	rubbish bin
la salle de jeux	games room
le dortoir	dormitory
dormir	to sleep
les douches (f.)	showers
avoir de la chance	to be lucky
dernier -ière	last
montrer	to show
se coucher; aller au lit	to go to bed
les provisions (f.)	food; provisions
louer	to hire; to rent

●

Vous avez des lits pour ce soir?
- Vous êtes combien de personnes?
- Nous sommes quatre; deux filles et deux garçons.
- Vous avez de la chance. Vous avez/aurez les dernières places qui nous restent!
- C'est combien par personne?
- C'est douze francs. Ça va? Bon, donnez-moi vos cartes (d'adhérent ●●●) et remplissez les fiches. Puis mon fils va vous montrer les dortoirs, les toilettes etc.
- Merci, est-ce qu'on peut manger ici?
- On ne sert pas de repas, mais vous pouvez vous préparer quelque chose dans la cuisine.

À quelle heure l'auberge ferme-t-elle le soir?
- À onze heures et demie précises! Ne soyez pas en retard, et ne faites pas trop de bruit.
La plupart des gens se couchent tôt/de bonne heure.

Pouvons-nous acheter des provisions ici?
- Oui, la petite boutique va ouvrir à six heures. Et en plus il y a une épicerie/un supermarché dans le village à 1 km d'ici.
(10)

••

le sac de couchage	sleeping bag
emprunter	to borrow
le(s) règlement(s)	rule(s)
responsable (de)	responsible (for)
balayer	to sweep; to brush up
ça ira	that'll be fine

•••

en principe	as a rule
également	also; equally
des lits superposés	bunks
un(e) adhérent(e)	member
le gars	lad

Défense de . . .	Forbidden to . . .
Il est défendu de . . .	It is forbidden to
Il est interdit de . . .	It is not allowed to

Y a-t-il une salle de jeux?

- Oui, tu peux jouer au babyfoot/aux fléchettes/au billard. Il y a aussi une télévision dans la salle à manger. *(13.B)*

••

Est-il possible de louer un sac de couchage?

- En principe (•••) oui, mais il ne nous en reste plus. Voulez-vous emprunter des couvertures et louer un drap?
- Oui, ça ira/d'accord. Il ne fait pas tellement froid.

••   •••

Faites attention, les gars . . .

- Il est interdit de rapporter des boissons alcoolisées dans l'auberge.
- Il est également défendu d'entrer dans les dortoirs des filles.
- Et rappelez-vous que vous êtes responsables. Vous devez faire la vaisselle, nettoyer et balayer la cuisine après l'avoir utilisée!/après avoir préparé vos repas!

4   Au camping

at the campsite *(See also youth hostel)*

•

le camping	campsite
municipal	run by local council
le campeur	camper
faire du camping	to go camping
un emplacement	area to pitch tent
la tente	tent
la caravane	caravan
le véhicule	vehicle
complet -ète	full
de la place	some/any space
là-bas	over there
à l'ombre (f.)	in the shade
au milieu de	in the middle of
le matériel de camping	camping equipment
la chaise	chair
la table	table
une assiette	plate
la tasse	cup
le couteau	knife
la fourchette	fork
la cuiller -ère	spoon
le bac à vaisselle	large sink/basin
la lampe de poche	torch
débarrasser	to clear away
la boutique	shop
le snack(-bar)	snack-bar
des repas (m.) à emporter	take-away meals
le dépôt de butane	camping gas store
la bouteille de gaz	gas cylinder
le bloc sanitaire	washing facilities
les douches (f.)	showers
les lavabos (m.)	wash basins
le robinet	tap

•

Bonjour monsieur. Mon nom est Alan Buxworth. J'ai réservé un emplacement pour une tente, une caravane et une voiture du 20 au 28 juillet.

- Oui, c'est ça. Combien êtes-vous?
- Nous sommes sept personnes. Trois adultes et quatre enfants.
- Bon. Votre emplacement est là-bas, entre le bloc sanitaire et la boutique. Laissez votre carnet de camping, et signez les fiches s'il vous plaît.

- D'accord . . . euh, avez-vous un autre emplacement? Celui-là est un peu trop proche/près du bloc sanitaire.
- Oui, si vous voulez. Il y en a un de libre à l'ombre des arbres au milieu du camping. Ça vous va?
- Oui, beaucoup mieux. Ça sera plus calme.

Vous avez encore de la place pour ce soir?

- Nous sommes complets. Vous êtes seul?
- Oui, je n'ai qu'une tente et mon vélo.
- Eh bien, mettez-vous à côté des douches.
- C'est combien par personne et pour ma tente?
- C'est 10 francs pour vous, 5 francs pour la tente, et pour le vélo c'est gratuit.

Y a-t-il un restaurant dans le camping?

- Oui, à côté du bar. Il y a un bon choix de plats cuisinés, et en plus des repas à emporter.

Et où se trouve la boutique? Il me faut une bouteille de gaz.

- Le dépôt de butane est derrière la boutique.

Pourquoi fais-tu du camping?

- J'aime être libre/j'aime le plein air. Et aussi il y a beaucoup de gens de mon âge. Ce n'est pas cher et l'ambiance (••) est agréable.

l'eau (f.) potable	drinking water
non potable	not for drinking
la machine à laver	washing machine

••

la laverie automatique	launderette
mouillé	wet
la corde (à linge)	(washing) line
l'ambiance (f.)	atmosphere

•••

le branchement électrique	connection to mains electricity
allumer un barbecue	to have a barbecue
éteindre	to put out; to extinguish
le réchaud à gaz	gas cooker
le camping sauvage	camping without site facilities
un camping aménagé	well-equipped campsite
un auvent	awning
le lit de camp	campbed
le hamac	hammock
la glacière	cool box
le seau	bucket
regagner	to get back to
calculer	to work out
un inconvénient	disadvantage
un avantage	advantage
convenir	to suit
embêtant	annoying
la fourmi	ant
dresser	to pitch; to erect
démonter	to take down
la remorque	trailer
le camping-car	caravanette
la balançoire	swing
le toboggan	slide (13.D.3)

••   •••

C'est combien pour le branchement électrique?
- Ça coute 10 francs pour le branchement, et après on calcule ce que vous utilisez.

Monsieur, les campeurs dans l'emplacement d'à côté ont allumé un barbecue. Je pense/je considère qu'il y a un risque d'incendie mais ils refusent de l'éteindre.
- Oh là! là! Attendez, j'arrive. Il est interdit de/il n'est pas permis d'allumer des barbecues dans ce camping.

Monsieur, je n'aime pas me plaindre, mais l'odeur des toilettes est très désagréable.
J'aimerais changer d'emplacement.
- Je suis désolé, monsieur. J'ai un problème avec mes employés. Certains sont en vacances et d'autres sont malades.

À quelle heure ferme la barrière?
- La barrière est fermée à clef à 11 heures. Mais vous pouvez laisser votre voiture à l'extérieur/en dehors et regagner votre tente à pied.

Quels sont les inconvénients?
- Quelquefois il fait froid le soir, et quand il pleut on est toujours mouillés/tout est mouillé. Et en été on se fait piquer par les moustiques, et les fourmis entrent partout. Et je trouve embêtant de faire la vaisselle et de préparer mes repas. Je préfère un hôtel trois étoiles! (See 1 above)

Quelle sorte de camping préférez-vous?
- Ça dépend. Si nous sommes en camping-car, quelque chose de simple me convient, même le camping sauvage, car il ne faut pas dresser ou démonter la tente.
Mais en voiture avec une tente et une remorque, je préfère un camping aménagé avec douches chaudes, une laverie automatique, un snack-bar et un terrain de jeux pour les enfants avec des balançoires, des toboggans etc.

5   Louer un appartement ou un gîte ▬▬▬▬▬
renting a flat or a gîte

•

connu (connaître)	known

•••

à l'aise (f.)	at (our) leisure

••   •••

Anne, j'aimerais louer un gîte en Bretagne cette année.
Ça nous donnerait plus de liberté.
- *Bonne idée*! J'en ai assez de cet hôtel à St. Malo. On pourra manger où et quand on voudra et on pourra explorer la région à l'aise.
- *Liberté*! . . . dans un gîte? Et être obligés de préparer les repas et de faire le ménage avec des appareils qui ne marchent pas? Être isolés dans un coin de la France peu connu et loin de la plage? Non, il vaudrait encore mieux faire du camping!

1 Les différents lieux
different places

●

le monde	world
le pays	country
la région	region
le département;	county area
le comté (●●●)	
la capitale	capital
la ville	town
la grande ville	city
le centre-ville	town centre
la banlieue	suburb
le quartier	district
le village	village
la campagne	country (as opposed to town)

un endroit	place
les environs (m.)	surrounding area
environ	about (numbers/ time) (17)

●●●

l'espace (m.)	space
la province	the provinces (not the capital)
la cité	a special area (old part of a city/ area of high rise dwellings)

2 En ville
in the town

●

le bâtiment	building
la maison	house; home (2)
le centre commercial	shopping centre
le magasin	shop
la boutique	shop (smaller)
le marché	market
la banque	bank
la poste	post office (11)
une église	church
la cathédrale	cathedral
le commissariat de police	police station
un agent de police	policeman
le Syndicat d'Initiative (SI); l'Office de tourisme office	tourist information
l'hôtel (m.) de ville; la mairie	town hall
le restaurant	restaurant

●

Ça te plaît d'habiter à Manchester?
- Oui, parce que j'aime habiter dans une grande ville. Je trouve qu'il y a toujours beaucoup à faire.

Combien d'habitants y a-t-il à Manchester?
- Environ sept cent mille, mais avec les environs cela fait trois millions d'habitants. (17)

Qu'est-ce qu'il y a dans le centre de la ville?
- Il y a un centre commercial avec beaucoup de grands magasins et de belles boutiques. Il y a de grands bâtiments avec des bureaux et un grand jardin public où l'on peut se promener.

Y a-t-il des bâtiments intéressants?
- Oui. L'hôtel de ville, la bibliothèque centrale, la musée et la cathédrale.

Qu'est-ce qu'il y a comme distractions? (13)
- Il y a beaucoup de cinémas, plusieurs théâtres, des discothèques, deux stades: celui de Manchester City et celui de Manchester United, et des activités de toutes sortes.

50

le café	café
le café-tabac	café-cum-tobacconist's (10.6)
le collège	school; college (3)
la bibliothèque	library
le musée	museum
la place	square
le monument	monument
le parc; le jardin public	park
l'herbe (f.)	grass
un arbre	tree
la fleur	flower
le quai	(river) bank; (Also: platform, 8B.1e)
les distractions (f.)	entertainments (13)
s'amuser	to enjoy oneself
plusieurs	several
le cinéma	cinema
le théâtre	theatre
la piscine	swimming pool
le stade	sports ground
la discothèque	disco(theque)
l'industrie (f.)	industry
industriel(le)	industrial
une usine	factory
le(s) bureau(x)	office(s)
la gare	railway station (8B.1)
la gare routière	bus/coach station
le métro	underground railway
l'aéroport (m.)	airport
la station-service	petrol station (8A.3)
le garage	garage
un(e) habitant(e)	inhabitant
habiter	to live
se promener	to walk
connaître	to know person/place
une activité	activity
grand	big
beau/bel/belle	beautiful
gai	lively; cheery
animé	lively
triste	sad
ennuyeux -euse	boring
varié	varied
intéressant	interesting
historique	historic(al)

●●

une horloge	(large) clock
autrefois	in the past
ancien(ne)	old; ancient; former
le siècle	century
une époque	era; epoque
exister	to exist
rare	rare
s'ennuyer	to be bored
n'importe quoi	anything at all

Connais-tu d'autres villes en Angleterre?
- Oui, je connais bien Birmingham, ma tante habite là-bas. C'est une ville industrielle, mais quand même très intéressante et gaie.

Quelle ville aimerais-tu visiter?
- Je voudrais visiter Londres pour voir les monuments historiques et tous les endroits touristiques, comme la Tour de Londres, par exemple.

●● ●●●
Décris-moi Londres
- C'est une grande ville de huit millions d'habitants. Il y a des bâtiments de différentes époques. Quelques-uns sont anciens comme l'Abbaye de Westminster, d'autres sont plus récents comme la Cathédrale de St. Paul, commencée au dix-septième siècle. Et certains sont modernes comme la Tour de la Poste et les gratte-ciel qui s'élèvent à l'horizon. La Tamise passe dans la capitale, et des quais on a une belle vue.

Où se trouve Londres exactement?
- Londres se trouve dans le sud-est/au sud-est de l'Angleterre, à cent trente kilomètres de Douvres. Elle est entourée de plusieurs comtés/départements, par exemple le Surrey, le Kent et le Berkshire.

Aimerais-tu vivre à Londres?
- Oui, j'aime les rues animées et les grands magasins où l'on peut acheter toutes sortes de choses. J'ai des parents qui habitent (à) Londres, et je ne serais donc pas tout seul/et donc je me ferais des amis facilement.
En plus il y a un bon service de transport, le métro, appelé 'Underground' ou 'Tube'.

●●●
Tu m'as montré les avantages; n'y a-t-il pas d'inconvénients?
- Oh, mais si! Les loyers sont chers. Le coût de la vie est élevé. En outre il est difficile de conduire dans Londres à cause de la circulation.

●●●

un édifice	building
la galerie d'art	art gallery
le gratte-ciel*	skyscraper
s'élever	to rise up
l'horizon (m.)	horizon
la caserne des pompiers	fire station
la statue	statue
en outre	in addition
entouré de	surrounded by
pollué	polluted
la pollution	pollution
un avantage	advantage
un inconvénient	disadvantage

*invariable

3 Dans la rue
in the street

(See also private transport, 8.A)

●

la rue	street
la route	road
une autoroute	motorway
au coin de	at the corner of
large	wide
étroit	narrow
le pont	bridge
la circulation	traffic
le danger	danger *(15.7)*
dangereux -euse	dangerous
un accident de la route	road accident
les feux (m.) (de circulation)	traffic lights
le(s) panneau(x)	road sign(s)
le trottoir	pavement
le piéton	pedestrian
le passant	passer-by
le passage pour piétons	pedestrian crossing
la boîte aux lettres	letterbox; postbox
un arrêt d'autobus	bus stop
la cabine téléphonique	phone box
un escalier	stairs; flight of steps
le bruit	noise
l'activité (f.)	activity
le parking	car park
à plusieurs étages	multi-storey
stationner	to park
garer	to park (for longer)
transformer	to change

●●

les travaux (m.)	roadworks
un embouteillage	traffic jam
le carrefour	crossroads
le passage à niveau	level crossing
encombré de	full of
animé	busy (road)

●●●

le souterrain	subway
le bouchon	hold-up; traffic jam
le réverbère	lampost
la zone piétonne	pedestrianised zone
la terrasse de café	café terrace
la marche	step
le parcmètre	parking meter
le rond-point	roundabout
la flèche	arrow

●　　●●　　●●●

Décris-moi la rue principale de ta ville.
- En général, il y a beaucoup de bruit à cause de la circulation, et il est dangereux de traverser (la rue) sauf au passage clouté, ou par le souterrain.
Il y a quelques mois, certaines rues ont été transformées en zone(s) piétonne(s), ce qui est plus pratique pour faire les courses.

Où stationner?   where can I park? *(8A.6)*

●

Y a-t-il un parking près d'ici?
- Oui, il y en a un derrière l'hypermarché Carrefour.

●●　　　●●●

Où puis-je stationner/me garer par ici?
- Ah, c'est très difficile. Les parcmètres sont généralement complets. Vous pouvez essayer le parking municipal à plusieurs étages, mais à mon avis c'est plus pratique de laisser sa voiture chez soi! *(Sa; soi* suggest 'one's' or 'yours')

Enfin, nous avons trouvé une place!

PARKING COMPLET

4 À la campagne
in the country

●

le village	village
le champ	field
le bois	wood
la forêt	forest
la montagne	mountain
la colline	hill
la vallée	valley
la rivière	river (small)
le poisson	fish
le lac	lake
une île	island
profond	deep
haut	high
pittoresque	picturesque
calme	calm; peaceful
la nature	nature
la ferme	farm

l'/les animal -aux	animal(s)
le(s) cheval -aux	horse(s)
le mouton	sheep
la vache	cow
la poule	hen
l'/les oiseau(x)	bird(s)

(Circus animals and pets see 4.4b & 1.8)

le(s) château(x)	stately homes; castles
le camping	campsite *(5.4)*
agréable	pleasant
charmant	charming
donner sur	to overlook
quelquefois; de temps en temps; des fois	sometimes
manquer	to miss
la gendarmerie	national police force/station (country/small towns)
le gendarme	policeman

●●

le paysage	countryside
le sommet	top; summit

●

Tu aimes la vie à la campagne?
- *Oui*, je trouve que c'est calme. Nous habitons une maison qui donne sur une vallée. Je vois une ferme, les vaches et les moutons de la fenêtre de ma chambre.
- *Non*, nous habitons loin du village et il n'y a pas grand-chose à faire.

Tu ne t'ennuies pas quelquefois?
- Si, de temps en temps, mais généralement je suis très heureux parce que j'ai beaucoup d'amis de mon âge. Il y a des clubs au village, des discothèques dans les environs, et presque tous les mois nous allons au théâtre à Londres en autocar.

●● ●●●
La vie tranquille te plaît?
- J'adore l'atmosphère calme des montagnes, où je peux faire de l'escalade et des randonnées. *(13.D.6)*

N'y a-t-il pas d'inconvénients?
- Si! Ce qui me manque c'est une bonne bibliothèque. En plus c'est difficile l'hiver quand nous sommes isolés à cause de la neige. Et des fois, quand on en a assez, l'isolement est encore plus difficile à supporter.

le fleuve	river (large)
la truite	trout
un insecte	insect
l'agriculture (f.)	farming
agricole	agricultural
la terre	earth; land
le terrain	terrain
tranquille; paisible	peaceful
en avoir assez	to have enough
en avoir marre	to be fed up

●●●

un inconvénient	disadvantage
un avantage	advantage
être isolé	to be isolated
supporter	to endure; to put up with
l'isolement (m.)	isolation

5 Au bord de la mer
at the seaside

(See also 4.4c & 13.D.4)

●

la mer	sea
la plage	beach
la côte	coast
le port	port
la tour	tower

●

Vas-tu souvent au bord de la mer?
- Oui, pendant les vacances nous allons toujours passer huit jours sur la côte.

●● ●●●
Pourquoi aimes-tu aller sur/visiter la côte?
- J'aime le vent de la mer, les vues panoramiques sur les falaises et tout ça.

la station balnéaire	seaside resort
la jetée	pier
le phare	lighthouse *(8A.1)*
la falaise	cliff
l'air marin	sea air
la vue panoramique	panoramic view
se divertir	to enjoy oneself
le parc d'attractions	amusements park
s'étendre	to stretch out
à condition que (+ *subj.*)	provided that
quoique (+ *subj.*)	although

•••

Quelle station balnéaire préfères-tu?
- Je préfère Blackpool. Quoiqu'il y ait beaucoup de monde, on peut se divertir facilement. Il y a un grand parc d'attractions appelé le 'Pleasure Beach', des jetées avec toutes sortes de distractions, et bien entendu la Tour de Blackpool qui s'élève à 150 mètres de haut. En plus, il y a une plage très longue où les adultes peuvent s'étendre pendant que leurs enfants font des châteaux de sable; à condition qu'il ne pleuve pas!

6 À l'étranger
abroad *(See also 1.3)*

le climat	climate *(7)*
le plaisir	pleasure
un(e) tel(le)	such (a)

••

pluvieux	rainy
les spécialités locales	local specialities *(9)*
dépenser	to spend (money)

•••

convenir	to suit
franchement	to be honest; frankly
la frontière	frontier; border
franchir	to cross
imposant	impressive
une expérience	experience *(Also: experiment, 3A.2)*
piquer	to sting
étouffer	to smother; to stifle

•

Es-tu déjà allé en France?
- Oui, l'année dernière, je suis allé à Biarritz, qui se trouve dans le/au sud-ouest de la France, près de l'Espagne.

•• •••

Et que penses-tu de la vie là-bas?
- J'aime bien. Le climat me convient bien, ni trop chaud ni trop froid. Mais comme en Angleterre c'est assez pluvieux/il pleut souvent.

Connais-tu le nord de la France?
- Oui, je connais bien les ports de Boulogne et Dieppe, mais l'endroit que je préfère en France c'est sans doute Paris.
- Pourquoi?
- J'aime les édifices, les vues panoramiques et imposantes. Par exemple, l'Arc de Triomphe au bout des Champs-Élysées. Je m'intéresse beaucoup aux musées et aux galeries d'art. On ne s'ennuie jamais à Paris.

Est-ce que c'est cher, comme Londres?
- Oui, bien sûr, mais ça vaut la peine de dépenser de l'argent pour le plaisir d'une telle expérience.

7 La situation
location

Où se trouve . . .? where is it . . .?

•

se trouver; être situé; se situer	to be situated
être juste . . .	to be just . . .
derrière	behind
devant	in front of
avant	before
après	after
près de; proche de	near; close to

•

Où est la piscine?
- Elle est à deux kilomètres de la gare routière, à côté de la bibliothèque.

Où se trouve le commissariat de police?
- Il est derrière le Syndicat d'Initiative, à dix minutes d'ici.

Le Crédit Agricole, où est-il situé?
- Il est très proche/Tout près d'ici.
- (Il est) juste en face de la mairie.

loin de	far from
autour de	around
à côté de	next to
en face de	opposite
au bord de	on the edge of
au bout de	at the end of
au coin de	at the corner of
au milieu de	in the middle of
au centre de	in the centre of
la distance	distance
à 10 kilomètres d'ici	10 km. away
à 100 mètres d'ici	100 metres away
à 5 minutes d'ici	5 minutes away
la direction	direction
au nord de	to the north of
au sud de	to the south of
à l'est de	to the east of
à l'ouest de	to the west of
la première (rue)	first (street)
la deuxième/seconde	second
la troisième	third
à droite	right
à gauche	left
tout droit	straight on
où?	where?
ici	here
là; y *(before verb)*	there
là-bas	over there
par ici	this way
par là	that way
dans	in
sur	on
sous	under
au-dessus de	above . . .
au-dessous de	beneath . . .
dessus	above; on top
dessous	under(neath)

● ●●

Y a-t-il une pharmacie près d'ici?
- Je ne suis pas d'ici, mais je crois qu'il y en a une quelque part par là.

en bas	downstairs; below
en haut	upstairs; above
à	to
jusqu'à	up to
vers	towards
de	from; of
chez	to/at the house of; to/at (the doctor's)
ailleurs	somewhere else

●●

dehors; à l'extérieur (de)	outside
hors de	outside
dedans; à l'intérieur (de)	inside
contre	against
le long de	along
au fond de	at the bottom of
partout	everywhere
n'importe où	anywhere
quelque part	somewhere

●●●

autre part	somewhere else
nulle part	nowhere
à part	separately; aside
au-delà de	beyond
parmi	among(st)

8 Demander le chemin
asking the way

Pour aller à . . .? *How do I get to . . .?*

●

le chemin	(the) way
perdre son chemin	to lose one's way
se perdre (perdu, *past part.*)	to get lost
se tromper de chemin	to go the wrong way
montrer le chemin	to show the way
la bonne route	the right road
la carte routière	road map
le plan de la ville	street plan
aller à pied/ en taxi	to go on foot/ by taxi
chercher	to look for
s'approcher de	to approach
descendre	to go down
monter	to go up

●

Pardon monsieur, pour aller à la gare s'il vous plaît?
- *Ah, c'est très près/proche/ce n'est pas loin d'ici.*
Vous allez tout droit jusqu'au feu rouge, vous tournez à droite, et vous prenez la deuxième rue à gauche.
Vous verrez la gare au bout de la rue.

Excusez-moi monsieur, pour aller à la piscine?
- *C'est assez loin.*
D'abord traversez la place et continuez vers la cathédrale. Avant la cathédrale, tournez à gauche. Vous passez devant l'hôpital à votre gauche, et vous voyez la Poste à votre droite. Vous trouverez la piscine derrière la Poste.

Je n'ai pas compris. Voulez-vous répétez, s'il vous plaît?
- Oui, je vais vous le redire plus lentement.

passer	to pass
continuer	to continue
tourner	to turn
prendre	to take
traverser	to cross
faire attention	to take care
il est interdit de	it is forbidden to
accompagner	to go with
répéter	to repeat
comprendre (compris, *past part.*)	to understand

●●

croire (crois, *pres. tense*)	to believe; to think
avoir le choix	to have the choice
retourner	to return
indiquer	to point to; to show

●●●

suivre	to follow
la flèche 'toutes directions'	the arrow 'through traffic'
faire demi-tour	to do a U-turn
s'égarer	to lose one's way

Je suis perdu/j'ai perdu mon chemin. Je cherche l'hôtel de Paris.
- Ah, il est dans la rue Victor Hugo. Descendez cette rue jusqu'à la banque. Tournez à gauche et 100 mètres plus loin, vous y êtes.

Pardon Madame, je cherche l'Office du Tourisme.
- Avez-vous un plan de la ville? Je vais vous montrer/ indiquer sur le plan.
- Avez-vous une carte routière? Je vais vous montrer/ indiquer le chemin.

●●

Je vois que vous êtes perdu. Est-ce que je peux vous aider?
- Oui, je cherche la gare routière.
- Aucun problème. Continuez le long de ce boulevard, et suivez les panneaux 'centre-ville', et bientôt vous arriverez à l'hôtel de ville.
Mais faites attention. Il est interdit d'aller tout droit et de tourner à gauche. Prenez à droite, et vous trouverez la gare routière à 200 mètres.

●●●

Où est la caserne des pompiers?
- Allez jusqu'au rond-point, prenez la deuxième rue et suivez la flèche 'toutes directions'. Vous y serez dans deux minutes.

1 Parler du temps qu'il fait
talking about the weather

(See also la Météo, 3 below)

●
il fait beau	it's fine
il fait mauvais;	it's bad weather
il ne fait pas beau	
il fait chaud	it's hot
il fait froid	it's cold
il fait du vent	it's windy
il fait (du) soleil	it's sunny
le soleil brille	the sun's shining
il y a du brouillard	it's foggy
il pleut (pleuvoir)	it's raining
il neige (neiger)	it's snowing
il gèle (geler)	it's freezing
agréable	pleasant
meilleur	better

●●
il fait frais	it's cool; chilly
il fait doux	it's mild
il fait humide	it's humid
il fait lourd	it's sultry; close
il fait triste	it's dismal
une averse	shower; downpour
pleuvoir à verse	to pour down
la brume	mist

●●●
il tonne	it's thundering
il y a des éclairs	it's lightning
il grêle; il tombe	it's hailing
de la grêle	
il y aura du verglas	there will be black ice
il y aura des gelées	there will be frost
la bruine	drizzle
bruiner	to drizzle
le verglas	black ice *(8A.5)*

●
Present Tense
Quel temps fait-il aujourd'hui?
- Il fait beau. Il y a du brouillard. Il pleut.

Quel temps préfères-tu?
- Je préfère quand le soleil brille, mais là où j'habite il pleut souvent.

Future Tense
Quel temps fera-t-il demain?
- Je pense qu'il fera beau/qu'il y aura du brouillard/qu'il pleuvra.

●●   ●●●
Conditional Tense
Comme il fait froid! Tu penses qu'il fera meilleur demain?
- J'espère que oui. J'ai entendu à la radio que le soleil brillerait demain.

Imperfect Tense (state)
Quel temps faisait-il l'année dernière quand tu étais à Chamonix?
- Il neigeait, il faisait du vent, il tombait de la grêle/il grêlait.

Perfect Tense (completed events)
A-t-il plu hier?
- Il a plu à verse pendant deux heures, il a tonné et il y a eu des éclairs.

2 Le climat, les saisons et les mois ▬▬▬

climate, seasons and months

(a) *Le climat en Angleterre*   the climate in England

Les saisons (f.) . . . the seasons	
au printemps	in spring
en été (m.)	in summer
en automne (m.)	in autumn
en hiver (m.)	in winter

Les mois (m.) . . . the months	
janvier	**juillet**
février	**août**
mars	**septembre**
avril	**octobre**
mai	**novembre**
juin	**décembre**

en mars; au mois	*in* March
de mars	

•

Décris-moi le climat en Angleterre.
Quelle sorte de climat y a-t-il en Angleterre?
- *En hiver* il fait froid, et souvent il gèle, surtout en décembre et en janvier.
Au printemps il commence à faire moins froid, mais il fait du vent et il pleut souvent en avril.
En été eh bien, ça dépend! Quelquefois il fait un temps splendide. La température peut monter à 25°, mais c'est rare!
En automne il y a du brouillard et il fait mauvais.

(b) *Le climat en France*   the climate in France

sec (sèche)	dry
l'abri (m.)	shelter *(8B.2)*
le mégot	cigarette end
le débris de verre	broken glass
le relief	hills
la chaleur	heat

•• •••

Quel temps fait-il dans les différentes régions de la France?
- Ça dépend de la saison. Je vous explique.

1 Dans le nord et le nord-ouest de la France
Pendant l'été il fait assez chaud, la température moyenne est de (étant de) 16°-17°, mais bien sûr il y a des jours ensoleillés où la température monte à 25°-30°.
L'hiver il fait doux, surtout vers l'ouest. L'influence du Gulfstream produit ce climat doux, et il arrive en janvier que la température au Cap de la Hague soit la même qu'à Nice (7°).
Les précipitations sont élevées/ considérables surtout à l'ouest près de Brest.

2 Dans le centre-ouest
À Angoulême, par exemple, on trouve un climat assez doux, et *l'hiver* est assez *pluvieux*. *L'été* il fait chaud, la température peut monter à 30° (les températures moyennes étant autour de 20°), mais il pleut souvent.

3 Au sud/dans le Midi

L'hiver il fait doux, mais il fait plus frais
vers l'est à l'intérieur. *L'été* il fait chaud,
surtout sur la Côte d'Azur. *Les précipitations:* Il y a plus de
pluie dans le sud-ouest à cause des vents de l'Atlantique et
l'influence des Pyrénées. Il pleut donc assez souvent à Pau
et à Lourdes.

Le sud-est est *très sec* parce qu'il est situé à l'abri des
Pyrénées.

Les informations pendant une période de sécheresse:
'. . . dans les Alpes-Maritimes il faudra prendre beaucoup de
précautions dans les forêts. Par exemple, les barbecues vont
être interdits, et il va falloir faire très attention avec les
mégots et les débris de verre'.

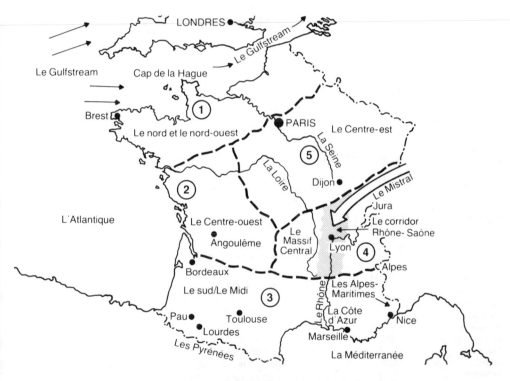

4 Le corridor (couloir) Rhône-Saône
Le Massif Central
Le Jura/Les Alpes

L'été il fait chaud et assez sec, mais parfois il y a des orages
causés par le relief et la chaleur. *L'hiver* il fait assez froid. Ce
soi-disant 'climat continental' (loin de l'influence de la mer)
donne les plus grandes variations de température. Et
n'oubliez pas *le Mistral*, le vent froid du nord-est qui souffle
le long de la vallée du Rhône.

5 Dans le centre-est

Encore l'influence du 'climat continental'; *l'hiver* est froid, et
l'été il fait assez chaud. C'est probablement une des régions
les plus sèches de la France.

(c) Préférences *preferences*

● **court** — short

●●
coller — to stick
mourir (meurent, *pres.* tense) — to die

●●●
la peau sensible — sensitive skin
le bonhomme de neige — snowman
la boule de neige — snowball
la bataille — battle; fight

● ●● ●●●

Quelle saison préfères-tu . . . aimes-tu le moins?

Le printemps: Je préfère le printemps parce qu'il commence à faire plus doux et les jours sont plus longs.

Je n'aime pas *le printemps*. C'est une saison pluvieuse où il y a beaucoup de vent.

L'été: J'adore l'été. La vie idéale sur une plage ensoleillée.

L'été ne me plaît pas parce que j'ai la peau sensible et je souffre du rhume des foins. *(15)*

L'automne: J'aime bien l'automne. Les arbres dont les feuilles changent de couleurs, les soirs frais et tranquilles . . .

Je suis triste pendant *l'automne*, car c'est une saison de bruine et de brume. Les jours sont plus courts et nous sommes collés devant la télévision!

L'hiver est formidable. Je fais du ski en Écosse, et mes petits frères adorent faire des bonshommes de neige et des batailles de boules de neige!

Oh l'hiver! Je suis gelé malgré le chauffage central. C'est la saison des dangers: le verglas, les accidents de la route, et les personnes âgées qui meurent de froid/à cause du froid.

---

3 La météo
the weather forecast

● **la glace** — ice *(Also:* mirror, *2.3e;* ice-cream, *10.2e)*

●●
prévoir — to forecast
la prévision — forecast(ing)
une amélioration — improvement
le changement — change
les précipitations (f.) — rain (& snow) fall
la visibilité — visibility
pluvieux — rainy
nuageux — cloudy
neigeux -euse — snowy
brumeux — misty
orageux — stormy
la tempête (beaucoup de vent) — storm
un orage (quand il y a des éclairs et du tonnerre) — storm

●●●
la giboulée — sudden shower
la chute de neige — snowfall
le flocon — snowflake
le dégel — thaw
une inondation — flood
la sécheresse — drought; dry period

● ●● ●●●

Noun and adjective combinations

le temps prévu — the weather forecast(ed)
un temps variable — variable weather
un ciel gris — a grey sky
un vent fort/léger — a strong/light wind
une journée ensoleillée — a sunny day
une douceur printanière — spring mildness
des éclaircies temporaires — short sunny spells
des averses éparses — local showers
des ondées locales — local heavy showers
des pluies intermittentes — occasional showers
une perturbation orageuse — stormy outbreak
la pression atmosphérique — atmospheric pressure

les températures minimales; maximales — temperatures minimum; maximum
matinales — morning
au-dessus/au-dessous des moyennes saisonnières — above/below the seasonal average

Noun and future tense verb   *aller + infinitive*

••   •••

Le temps the weather	**s'adoucira** **s'améliorera** **s'aggravera** **va se refroidir**	will grow milder will improve will get worse is going to get colder
Le soleil the sun	**percera** **se remettra à briller**	will break through will shine again
Des éclaircies sunny spells	**se développeront** **vont disparaître**	will develop are going to disappear
Le ciel the sky	**sera très chargé** **va rester couvert**	will be overcast is going to stay cloudy
Les nuages the clouds	**s'épaissiront** **s'élimineront** **vont se déchirer**	will thicken will disperse are going to break up
Le vent the wind	**soufflera du nord** **persistera** **va faiblir**	will blow from the north will persist is going to drop

Le Mistral
N.E. wind
	va souffler à 60
	  kilomètres à l'heure
		is going to blow at
		  60 km. an hour

Des orages storms	**éclateront**	will break out
La pluie the rain **Les pluies**	**cessera** **va revenir** **pénétreront dans**	will stop is going to return will spread into
Des averses showers	**se produiront** **vont se produire**	will occur are going to occur
La neige snow	**tombera** **se changera en pluie**	will fall will turn to rain

La perturbation
disturbance
	sera suivie
	  d'éclaircies
		will be followed
		  by bright spells

La dépression the depression	**continuera** **va continuer**	will continue is going to continue
Le brouillard fog	**va se dissiper**	is going to clear

La température
 	
Les températures
	sera normale
	dépassera 25 degrés
	va monter/baisser
	varieront entre
	  20° à 25°
	atteindront 30°
		will be normal
		will exceed 25°
		is going to rise/fall
		will vary between
		  20 and 25°
		will reach 30°

Useful words

normalement	usually
souvent	often
quelquefois	sometimes
dans ce cas	in this case
cependant	however
grâce à	thanks to
malgré	in spite of
à cause de	because of

(See also 18)

malgré le brouillard il joue au golf

grâce au vent les surfers se sont amusés

WIMBLEDON

à cause de la pluie la partie a été annulée

...mais normalement le soleil brille!

Quand?   When?

•• •••

Note: In weather forecasts, the use of prepositions differs from normal usage.

la journée débutera par	the day will start by/with
au lever de jour/du soleil	at daybreak/at sunrise
au petit matin	early in the morning
en début de journée	at the start of the day
en début de matinée	at the beginning of the morning
dans l'après-midi	in the afternoon
en cours de (la) journée	during the day
tout au long de la journée	throughout the day
une grande partie de la journée	for a great part of the day
pendant toute la nuit/journée	all night/day
au coucher du soleil	at sunset

(See 17 for days of the week, time of day and time expressions)

Où?   Where?

•• •••

à l'intérieur des terres	inland
au nord/sud/est/ouest	in the north/south/east/west
au bord de la Manche	
en bord de Manche	
sur les côtes de la Manche	on the Channel coast
sur la côte méditerranéenne	on the Mediterranean coast
sur la façade orientale	on the eastern front
sur la moitié nord	in the northern half
sur le reste du pays	in the rest of the country
dans le nord-est	in the north east (etc.)
dans le Massif Central	in the Massif Central area
dans la vallée du Rhône	in the Rhône Valley
dans les régions méridionales	in the southern areas
dans la région parisienne	in the Paris area
vers l'est	towards the east (etc.)
ailleurs	elsewhere

8A

1 Ma voiture
my car

●		
(1) le chauffeur; le conducteur	driver	
(2) le(s) pneu(s)	tyre(s)	
●●		
(3) la roue	wheel	
(4) la roue de secours	spare wheel	
(5) la ceinture de sécurité	seatbelt	
(6) la portière	(vehicle) door	
(7) le moteur	engine	
(8) le radiateur	radiator	
(9) la batterie	battery	
(10) le coffre	boot	
●● ●●●		
(11) le siège	seat	
(12) le volant	steering wheel	
le rétroviseur	rearview mirror	
(13) extérieur	outside	
(14) intérieur	inside	
(15) le tuyau d'échappement	exhaust pipe	
(16) le numéro/la plaque d'immatriculation	registration number/plate	
(17) les essuie-glace* (m.)	windscreen wipers	
(18) le pare-brise*	windscreen	
●●●		
(19) le pare-chocs*	bumper	
(20) une aile	wing	
(21) le capot	bonnet	
(22) le toit ouvrant	sun roof	
(23) la capote	hood	
(24) une antenne	aerial	
(25) le klaxon	horn	

*invariable

les feux (m.) lights

● ●● ●●●		
(26) l'avant (m.)		the front (of the car)
(27) les feux de position		sidelights
(28) le phare		headlight (6.5)
(29) les feux de route		full beam
(30) les feux de croisement		dipped headlights
(31) les feux de brouillard; les antibrouillards (m.)		fog lamps
(32) l'arrière (m.)		the rear/back (of the car)
les feux rouges		rear lights
les feux 'stop'		brake lights
les feux de recul		reversing lights
(33) les clignotants (m.); (les indicateurs de changement de direction)		indicators
les feux de détresse		hazard warning lights
les ampoules (f.) de rechange		spare bulbs

(34) le bidon; le jerrican	petrol can	
(35) le cric	jack	
(36) le triangle (de présignalisation	(advance) warning triangle	
(37) la boîte à outils	toolbox	
(38) la boîte de vitesses	gearbox	
(39) le levier de vitesse	gear lever/stick	

(40) la pédale clutch pedal
    d'embrayage
    (m.)
(41) la pédale de frein brake pedal
    (m.)

(42) le frein à main handbrake
(43) l'accélérateur (m.) accelerator
(44) la direction steering *(9.2f)*
(45) un essieu axle

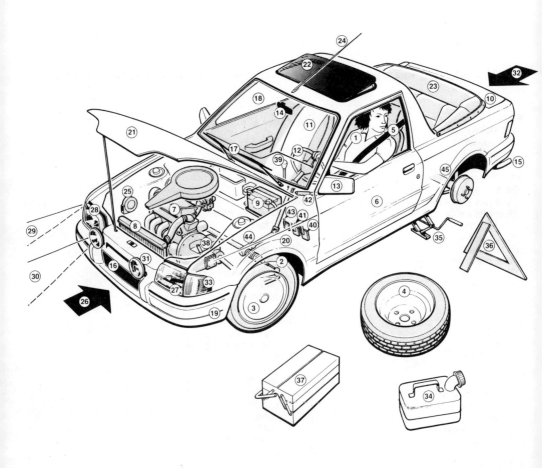

2 Les véhicules
vehicles

●

la voiture; une auto(mobile)	car
la moto(cyclette)	motorbike (over 125cc)
le vélomoteur	small motorbike (50-125cc)
la mobylette	moped
le scooter	scooter
le vélo	bike
la bicyclette	bicycle
le taxi	taxi
le camion	lorry
le chauffeur; le conducteur	driver
automatique	automatic

●●

la marque	make
faire de l'auto-stop (m.)	to hitch-hike

●●●

un(e) automobiliste	motorist
un(e) auto-stoppeur	hitch-hiker
la bagnole	car *(slang, 21)*

●

Ton père, a-t-il une voiture?
- Oui, il a une Peugeot 305 (trois cent cinq).
- Oui, il a une Fiat automatique.

Et ton frère, qu'est-ce qu'il a comme véhicule?
- Il n'a pas de voiture, il a une moto/une mobylette.

Et toi, qu'as-tu?
- J'ai un vélo/une bicyclette. J'espère conduire la voiture de ma mère quand j'aurai dix-sept ans.

●●

Ta mère, quelle marque de voiture a-t-elle?
- Elle a une Volvo 240 (deux cent quarante).

Après la discothèque, s'il est tard, comment rentres-tu chez toi?
- Je prends un taxi avec des amis, ou bien je fais de l'auto-stop.

●●   ●●●

Tu fais souvent de l'auto-stop?
- Non, seulement quand je n'ai pas d'argent. C'est dangereux à cause de certains automobilistes.

3 À la station-service
at the service station

●

l'essence (f.)	petrol
ordinaire/super	2 star/4 star
le gas-oil/gazole	diesel (DERV)
le litre	litre
faire le plein	to fill up
vérifier	to check
l'eau (f.)	water
l'huile (f.)	oil
la pression	pressure
le pneu	tyre
un(e) pompiste	pump attendant
libre-service	self-service
la boutique	shop
voyez (voir)	(go and) see
la carte routière	road map
les toilettes/W.C.	toilets
nettoyer	to clean

●●

le(s) niveau(x)	level(s)
la pression	pressure *(9.3a)*
le deux-temps	two-stroke mixture
le lavage automatique	car-wash
le jeton	token

●

Faites le plein, s'il vous plaît.
- Vous voulez du super ou de l'ordinaire?
- De l'ordinaire.
- Voilà. 21 litres. Ça fait 105 francs.

Donnez-moi 100 francs de super, s'il vous plaît.
- Servez-vous/Allez-y monsieur.
C'est une station libre-service.

Je voudrais 15 litres de gas-oil, s'il vous plaît.
- Oui monsieur. C'est tout?
- Non. Donnez-moi un litre d'huile.
- Voilà monsieur.
- Combien je vous dois?
- Cela fait/fera 110 francs en tout, monsieur. *(12.2)*

●   ●●

Est-ce que vous pouvez vérifier le niveau de l'eau/de l'huile?
Pourriez-vous vérifier la pression des pneus?
- Bien sûr. Mettez votre voiture par là, près de la sortie. Je suis à vous dans un instant.

●●●

le liquide de freins; le lockheed	brake fluid
(re)gonfler	to (re)inflate
l'antigel (m.)	antifreeze

Où sont les toilettes?
- Vous les trouverez/Elles sont là-bas, à côté de la boutique.

Vendez-vous des cartes routières?
- Voyez dans la boutique.

Quelle direction dois-je prendre pour aller à Arras?
- Prenez la D934 à Roye, et puis la N1. *(See 6. below)*

●●

Puis-je faire laver la voiture ici?
- Oui. Au lavage automatique. C'est 18 francs/Le(s) jeton(s) est (sont) à 18 francs.

Pourriez-vous nettoyer mon pare-brise, s'il vous plaît?
- Non, je regrette. Il y a de l'eau/un robinet là-bas.

●●●

Je voudrais de l'eau distillée pour ma batterie/du lockheed.
- Allez voir/Voyez dans la boutique.

J'ai besoin de regonfler mes pneus/de faire regonfler mes pneus. Est-ce que je peux/vous pouvez regonfler mes pneus? Il faudrait que je regonfle mes pneus.
- La pompe (à air) est à côté du lavage automatique.

4 En panne; au garage
broken down; at the garage

(See car diagram on page 64)

●

être en panne	to be broken down
le mécanicien	mechanic
réparer	to repair
fixer	to fix; to mend
essayer (de)	to try to
le frein	brake
louer	to hire
marcher	to work; to function (*Also:* to walk)

●●

fonctionner	to work; to function
en panne d'essence	out of petrol
le pneu crevé; la crevaison	puncture
un atelier	workshop
prêt	ready
(r)apporter	to bring (back)
être à remplacer	needs replacing
la pièce de rechange	spare part

●

Qu'est-ce qu'il y a, monsieur?
- Ma voiture est en panne. Pouvez-vous m'aider/la réparer?
- Je ne suis pas mécanicien, mais je vais essayer.

●●   ●●●

Je suis en panne d'essence. Y a-t-il une station-service/un garage près d'ici?
- Oui, il y en a une/un à un kilomètre. Je vous emmène. Vous pouvez rapporter de l'essence dans un bidon/un jerrican.

J'ai un pneu crevé. Pouvez-vous m'aider à changer la roue?
- Oui. Où est la roue de secours?
- Elle est dans le coffre avec le cric.

•••

démarrer	to start up
un ennui (électrique)	(electrical) fault
le fusible	fuse
un adhérent	member
lisse	smooth; bald (tyre)
la dépanneuse	breakdown truck
la fuite	leak
le réservoir (de carburant)	fuel tank
le joint (de culasse)	cylinder head (gasket)
la pierre	stone
briser; casser	to break

Allô . . . *(11.B.3)*
- Je suis en panne sur la N 113, à 5 kilomètres au sud de Toulouse.
- Qu'est-ce qui ne va pas?
- Je ne sais pas. Ma voiture refuse de démarrer. Peut-être que c'est un ennui électrique.
- Quelle est la marque de votre véhicule?
- C'est une Renault 9.
- Et le numéro d'immatriculation?
- C'est 1208 RR 31 (français)/F921 AMC (anglais).
- Et la couleur?
- Rouge.
- Vous êtes adhérent/membre de quelle organisation routière?
- Je suis avec la A.A./le R.A.C. J'ai l'assurance '5-Star'/'Cordon Bleu'.
- Bon. Nous envoyons quelqu'un. Il sera là dans une demi-heure.

5 Conduire; les accidents de la route
driving; road accidents

•

passer	to pass
tourner	to turn
conduire	to drive
rapide(ment)	quick(ly)
lent(ement)	slow(ly)
aider	to help
un hôpital; la clinique	hospital *(15.4)*
le gendarme	policeman (rural)
la gendarmerie	police station
un agent de police	policeman (town)
le commissariat	police station
le policier (•••)	policeman (general)
une ambulance	ambulance
s'approcher	to approach; to go up to
(s')arrêter	to stop (oneself)
traverser (en courant)	to (run a)cross
la clé	key
allumer	to switch on *(2.4)*

••

éteindre	to switch off; to extinguish
circuler	to move; to go (traffic)
rouler	to go; to drive (along)
reculer	to reverse
en (marche) arrière	backwards (in reverse)
freiner	to brake
changer de vitesse	to change gear
ralentir	to slow down
risquer	to risk
(se) heurter	to collide with (each other)
entrer en collision avec	to collide with
rentrer dans	to crash into

••   •••

Je viens d'avoir un accident.
J'ai dérapé sur le verglas.
J'ai heurté un arbre.
Je suis rentré dans un camion.
Je suis entré en collision avec un camion.
J'ai renversé un cycliste.
- Restez là. Je vais appeler police-secours/les (sapeurs-)pompiers/l'ambulance. *(11.B.4 & 15.7)*

Quelqu'un est blessé. Pouvez-vous donner les premiers secours en attendant l'arrivée de l'ambulance?
- Oui, oui. Je suis infirmière.

Vous avez vu l'accident?
- Oui, j'étais arrêté au feu rouge, et j'ai vu le camion cogner l'arrière du taxi.

Voulez-vous être témoin/servir de témoin?
- Oui, je vous donne mon nom et mon adresse.

Quelle était la cause de l'accident?
- On dit que le chauffeur de la voiture était ivre/avait trop bu.
- Le motocycliste roulait trop vite. Évidemment il n'a pas vu le virage à cause du brouillard. Il ne portait pas de casque et il est gravement blessé.
- Le petit garçon traversait la route en courant, sans regarder, et il a été écrasé par le camion.

Que sont devenus les occupants de la voiture?
- Ils ont été tués dans l'accident.
- Deux sont dans un état critique. On les a emmenés à l'hôpital.

écraser	to run over; to crush
renverser	to knock down/over
blesser	to injure; to wound
grave(ment)	serious(ly)
tuer	to kill
les premiers secours	first aid
devenir	to become (of)
l'état (m.)	state; condition
s'inquiéter	to worry

● ● ●

accélérer	to accelerate
doubler	to overtake (Also: to dub, 13.C.1)
déraper	to skid
le virage	bend
le verglas	black ice
le casque	(crash) helmet
le témoin	witness
le constat	statement (See 8. below)

Ma voiture est hors d'usage/n'est plus en état de marche. L'avant est enfoncé/abîmé/cabossé.

- Ne vous inquiétez pas. Placez votre triangle et allumez vos feux de détresse.

Montrez-moi vos papiers, monsieur. *(See 8. below)*
- Je regrette. Monsieur l'agent, je ne les ai pas sur moi.
- Alors, venez au commissariat (à la gendarmerie) avec moi faire un constat.

~~~~~~~~~~~~~~~~~~~~~~~~~~~~~~

ivre	drunk
un alcootest	breathalyser
cogner	to hit; to bang into
enfoncé; abîmé	smashed; bashed in
cabossé	dented

6 Les routes et le stationnement
roads and parking

●

le péage	motorway toll (point)
le numéro	number
le feu rouge	traffic lights
le poids lourd	heavy goods (vehicle)
la circulation	traffic
stationner	to park

● ●

le(s) panneau(x)	road sign(s)
les travaux (m.)	roadworks
la déviation	diversion
le passage pour piétons/clouté	pedestrian crossing
le passage à niveau	level crossing
le carrefour	crossroads
la chaussée	roadway
le trottoir	footpath
la zone piétonne	pedestrian(ised) area
un embouteillage	traffic jam

● ● ●

le bouchon	traffic jam (Also: bottle cork)
les heures (f.) d'affluence; les heures de pointe	rush hour
la ligne/la bande blanche/jaune	white/yellow line
le sabot (d'immobilisation)	wheel-clamp (Also: wooden clog)
la grue	tow-away vehicle; crane
la fourrière	vehicle pound
serrez à droite	keep to the right
serrez à gauche	keep to the left

Les types de routes (f.)	types of roads *Equivalent anglais:*
N Route Nationale	A
D Route Départementale	B
A Autoroute	M

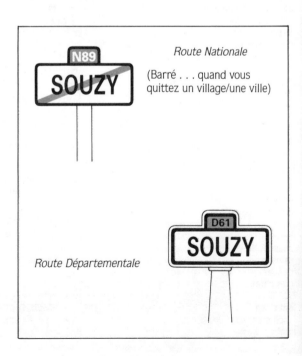

Route Nationale

(Barré . . . quand vous quittez un village/une ville)

Route Départementale

Les panneaux de signalisation . . . road signs

Les feux

Passage
pour piétons

Passage
à niveau

Travaux

Sens
interdit

Interdiction de
tourner à
gauche

Direction
obligatoire
(sens
unique)

Déviation

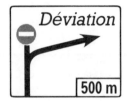

*Arrêt et
stationnement interdit*
Parking and stopping
forbidden (Clearway)

*Stationnement interdit,
mais arrêt permis*
No parking, but
stopping tolerated

*Stationnement à durée
limitée: zone bleue*
(short) parking,
limited to time shown
on the car disc

*Stationnement unilatéral/
alterné semi-mensuel*
Parking on one side of the
road, changing half-monthly

69

Alternative route (scenic)	ITINÉRAIRES BIS (OU ÉMERAUDE)
Alternative route (avoiding hold-ups)	ITINÉRAIRE DE DÉLESTAGE

7 Le code de la route; les règles
the Highway Code; the rules

Céder le passage/Stop . . . Give Way/Stop

Priorité à droite - priority to the right
Céder le passage aux véhicules venant de votre droite
Give way to vehicles coming from your right

Céder le passage à l'intersection
Give way at the junction

Arrêt obligatoire
You must stop

Ancien panneau
old sign

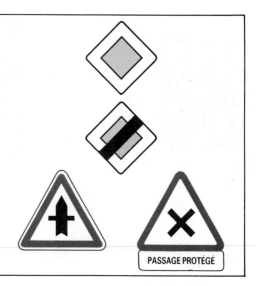

La priorité . . . priority

Priorité de passage - you have priority
Vous avez la priorité le long de cette route
à tous les carrefours, jusqu'au . . .

. . . panneau barré:
Perte de priorité - loss of priority
Vous perdez la priorité.

Passage protégé - you have priority
Vous avez la priorité à cette/à la prochaine
intersection.

PASSAGE PROTÉGÉ

8 Les papiers du chauffeur
driver's documents

●
le permis de conduire driving licence

●●
la police d'assurance insurance policy

●●●
une assurance au tiers third party
insurance
une assurance comprehensive
tous risques insurance
la vignette road tax sticker
(Also 15.6)

la carte grise vehicle registration
document
la carte verte 'Green card'
(l'assurance spéciale (insurance abroad)
pour conduire
à l'étranger)
le constat accident report form
(à l')amiable agreed by both
drivers

9 L'examen du permis de conduire
the driving test

●●●
le code: **une épreuve** a written test on
de code the highway code
la conduite: **une** the actual driving test/
épreuve pratique practical
passer le code to take the written test
passer la conduite to take the driving
test

● ●● ●●●
**J'ai fini dix leçons à l'auto-école, et je vais me
présenter à l'examen du permis de conduire/à la
conduite demain.**
- Bonne chance!

1 Par le train
by train

(a) À la gare (de chemin de fer) *at the (railway) station*

●

l'entrée (f.)	entrance
la sortie	exit; way out
le buffet	station café
le bar	bar *(9.3)*
les toilettes/W.C.	toilets
la salle d'attente	waiting room
la consigne	left luggage office *(d. below)*
le bureau de renseignements	enquiry office *(b. below)*
le parking	car park
prendre le train	to take the/travel by train

●●

une horloge	clock
la librairie	bookshop
le kiosque	kiosk/news-stand
la cabine téléphonique	telephone box
le bureau des objets trouvés	lost property office *(16)*
une agence de voyages	travel agency
une agence de location de voitures	car hire agency
la station de taxis	taxi rank
faire la queue	to queue up
par là	over there

●●●

le hall	entrance concourse

●

Pardon monsieur, où sont les toilettes/la consigne s'il vous plaît?
- En face du bar/derrière vous. *(See location 6.7)*

●●

Où est la station de taxis, s'il vous plaît?
- Par là, mais il faut faire la queue parce qu'il y a beaucoup de monde.

Je voudrais acheter quelque chose à lire. Pourriez-vous m'aider?
- Oui, il y a une librairie/un kiosque dans le hall.

Il faut que je loue une voiture immédiatement. Est-ce possible?
- Oui, regardez. L'agence de location de voitures 'Hertz' est sous l'horloge.

Est-il possible de réserver un vol pour Lyon ici?
(5.below)
- Oui, il y a une agence de voyages à côté du bureau de renseignements.

voyager au bon moment	to travel at the right time
les jours bleus/ blancs/ rouges	blue days; *cheap* white days red days; *dearer*

Départs banlieue	Local departures
Départs grandes lignes	Main line departures
Accès aux quais	Platforms this way

(b) Au bureau de renseignements *at the information office* _____

●

demander des informations (f.)	to make enquiries
l'arrivée (f.)	arrival
le départ	departure
prendre	to take; to catch
premier -ière	first
deuxième; second	second
prochain	next
dernier -ière	last
un horaire	timetable
le plan de ville/ de métro	town/underground map
la brochure	brochure
durer	to last

●●

la durée	length (of journey)
le dépliant	leaflet
se dépêcher	to hurry
il vaudrait mieux	it would be better to
conseiller	to advise

●●●

fréquent	frequent
un indicateur	display timetable
les liaisons (f.) intergares	interstation links

●

À quelle heure est le prochain/premier/dernier train pour Nice?
- Dans trois minutes. Il part du quai numéro 7.

Pour aller à St. Malo faut-il changer à Dol-de-Bretagne?
- Oui, il n'y a pas de train direct.

Les trains pour Lyon, sont-ils fréquents (●●●)?
- **Oui, toutes les demi-heures.** *(See time, 17)*

●●

Pourriez-vous me conseiller. Je dois aller à Paris au plus vite/le plus vite possible.
- Bon, il vaudrait mieux prendre le rapide de 10h30. Le train de 10h00 s'arrête à toutes les gares.

(c) Au guichet *at the ticket office* _____

●

le billet	ticket
un aller (simple)	single ticket
un aller-retour	return ticket
payer un billet	to pay FOR a ticket
payer *pour*	to pay on behalf of
acheter	to buy
le prix	price
le tarif	fare
coûter	to cost
cher -ère	dear; expensive
bon marché*	cheap
réserver	to reserve
la réservation	reservation
la place	seat; place
Je regrette	I'm sorry *(14.4.b)*
vouloir dire	to mean (to say)
si/s'	if

●●

la carte jeune	50% discount card (for 12-26 yr. olds)
la carte d'étudiant	student card
le demi-tarif	half fare
le tarif réduit	reduced fare
supplémentaire	extra
rembourser	to reimburse; to refund

●

Je voudrais un aller simple/un aller-retour pour Toulouse s'il vous plaît.
- Vous voulez voyager en première ou seconde/deuxième classe?
- Combien ça coûte en première?
- Il y a un supplément de 15 francs.
- Alors, je prendrai un billet en deuxième classe.

Je voudrais réserver un place dans le train de 23h00.
- Je regrette, monsieur, il n'y a plus de places.

Faut-il payer *pour* les animaux?
- Oui. Le demi-tarif de 2e classe.

●●

Un billet demi-tarif pour mon petit frère, s'il vous plaît.
- Oui. Voilà.

J'ai une carte d'étudiant. Y a-t-il une réduction ou un tarif réduit/spécial?
- Ah. Vous voulez dire la 'carte jeune'. Oui, il y a 50% (pour cent) de réduction.

●●●

la carte couple/ famille	discount card for family use
la carte 'vermeil'	50% reduction card for over 60's
à la retraite	retired

*invariable

●●●

Mes parents sont à la retraite.
Doivent-ils payer le tarif normal?
- S'ils ont une carte 'vermeil' ils peuvent voyager à demi-tarif.

(d) Les bagages *luggage*

●

la consigne	left luggage
la consigne automatique	coin operated luggage lockers
en service	in operation
la valise	suitcase
le porteur	porter
lourd	heavy
léger -ère	light
se servir de	to use

●●

(de) disponible	available
sembler	to seem
fonctionner	to work; to function
peser; le poids	to weigh; weight
déposer	to hand in; to deposit
le chariot	(luggage) trolley *(10.10.b)*
enregistrer	to register

●●●

faire enregistrer	to send off
la malle	trunk
une étiquette	label
afin de *(+ infin.)*	in order to
éviter	to avoid
le risque de terrorisme	risk of terrorism

●●

Mes valises sont très lourdes.
Y a-t-il un porteur (de) disponible?
- Non, il vaudrait mieux prendre/se servir d'un chariot.

●● ●●●

Je voudrais laisser mes valises à la consigne automatique, mais elle ne semble pas fonctionner.
- Elle n'est pas en service, afin d'éviter les risques de terrorisme.

●●●

Pourrais-je faire enregistrer cette malle pour Grenoble?
- Oui, je vais la peser.

(e) Sur le quai *on the platform*

●

le quai	platform
le ticket de quai	platform ticket
prendre	to catch; to take
la voie	track; platform
le train direct	through train
le rapide; l'express (m.)	express (train)
lent(ement)	slow(ly)
vite	fast; quickly
la voiture	coach; carriage; *(Also:* car, *8A)*
monter dans	to get on
descendre de	to get off
une impression	impression
confortable	comfortable
En voiture!	All aboard!
mener	to lead
un escalier	flight of steps

●

En voiture!
- Jean, nous devons/il faut monter tout de suite.

Je n'aime pas prendre l'omnibus (●●) parce que ce n'est pas confortable et il est très lent.
- Alors, prenons le rapide plus tard.

●● ●●●

J'attends avec impatience mon premier voyage en TGV.
- Pourquoi?
- Ça va vite et on n'a pas l'impression de vitesse.

Pour aller au quai numéro 3? *(6.8)*
- Au bout de ce quai il y a une passerelle qui mène au quai numéro 3.
- Descendez l'escalier, prenez le souterrain, montez l'escalier suivant et vous êtes sur le quai/et vous y êtes.

••	
rouler	to travel along
un omnibus	stopping train
•••	
le TGV	high speed train
(le train à grande	(21)
vitesse)	
le turbotrain	turbine powered
	train
le wagon-lit	sleeper (coach)
le wagon-restaurant	restaurant car
le chef de gare	stationmaster
le chef de train	train guard

Monsieur, dans quelle partie du train sera la voiture numéro 6?
- Regardez 'le tableau de composition de trains'. Repérez le numéro de la voiture, et vous n'aurez pas de problèmes.

~~~~~~

le souterrain	subway
la passerelle	footbridge (4 below)
la composition	numbered order
de trains	of the coaches
repérer	to find out; to locate
attendre avec	to look forward to
impatience	

(f) Le voyage *the journey*

•	
un(e) voyageur -euse	passenger; traveller
voyager	to travel
s'asseoir	to sit down
le compartiment	compartment
fumeurs; non fumeurs	smoking; non-smoking
la place	seat; place
libre	free; not in use
occupé	occupied; engaged
réservé	reserved
garder	to mind; to keep an eye on
penser	to think
sûr	sure
bien sûr	of course
ailleurs	elsewhere
pendant que	while
la fenêtre	window
la glace	(vehicle) window (See also: 2.3e; 7.3; 10.2e)
Allez-y! (Vas-y!)	Go ahead!
pas du tout	not at all
être désolé	to be sorry (14.4b)
le pont	bridge
••	
s'installer	to settle down (e.g., into a seat)
déranger	to disturb; to upset
se tromper	to be mistaken
la portière	carriage door (8A.1)
•••	
le tunnel	tunnel
les rails (m.)	rails; track
la traverse	(track) sleeper
le train de	goods train
marchandises	
les formalités (f.)	customs formalities
de douane	(6. below)
le filet	luggage rack/net
le signal d'alarme	communication cord

•

Pardon, monsieur, cette place est-elle occupée/libre?
- Je ne suis pas sûr, mais je pense qu'il y a quelqu'un.

Voulez-vous garder ma place, s'il vous plaît, pendant que je vais manger quelque chose dans le wagon-restaurant?
- Oui, bien sûr.

••

Ça vous dérange si j'ouvre la fenêtre?
- Non, allez-y/Pas du tout.

Pardon, madame, vous vous êtes trompée de place. Regardez, mon billet a le numéro 14A.
- Je suis désolée. Je trouverai une place ailleurs.

En cas d'urgence	In case of emergency
. . . brisez la glace	. . . break the glass
. . . tirez la poignée	. . . pull the handle

Ne pas se pencher hors de la fenêtre	Do not lean out of the window

(g) Le contrôle des billets   *ticket inspection* _____

•
oublier	to forget
perdre	to lose
(perdu, *past part.*)	

••
contrôler (des billets)	to check; to inspect (tickets)
composter (un billet)	to validate; to date stamp (a ticket)
le compostage	ticket validation
la machine à composter	ticket validating machine
une amende	fine
avant de (+ *infin.*)	before . . . ing

•••
valable	valid
au-delà de	beyond
la limite	limit
accéder au quai	to go on the platform

•
Vos billets, s'il vous plaît!

J'ai perdu/j'ai oublié mon billet.
- Vous devez descendre à la prochaine gare.

••
J'ai oublié de composter mon billet.
- Vous devez payer une amende.

•••
Votre billet n'est pas valable. Il faut le composter avant de monter dans le train/d'accéder au quai.
Vous avez voyagé au-delà des limites de votre billet.
- Je ne le savais pas /Je n'en savais rien.
- Vous devez payer une amende/un supplément.

(h) Les problèmes   *problems* _____

•
manquer	to miss
attendre	to wait FOR
avoir la correspondance	to make the connection
expliquer	to explain
être en retard	to be late
un accident	accident

••
la collision	collision
avoir un retard de (2 heures)	to be (2 hours) late
le changement	change
en provenance de	coming from
annuler	to cancel
rater	to miss *(3.A.5)*

•••
une annonce	announcement
le haut-parleur	loudspeaker *(2.3a)*
la panne de signaux	signals failure
la panne d'aiguillage	points failure
le déraillement	derailment
bloquer	to block
la congère	snowdrift

•
J'ai manqué le train. Que dois-je faire?
- Vous pouvez attendre le prochain train, ou prendre le car.
(2. below)

••
Mon train a été annulé. Qu'est-ce qu'il faut que je fasse?
- Ah, vous n'allez pas avoir la correspondance. Peut-être qu'il vaudrait mieux attendre jusqu'à demain, et prendre le train de 7h30.

•••
Monsieur, je n'ai pas compris cette annonce au haut-parleur.
- Bon, je vais expliquer. Il y a eu un changement de quais. Le train pour Nice partira du quai numéro 9.

- LE TRAIN EN PROVENANCE DE CALAIS AURA UN RETARD DE DEUX HEURES.
- IL Y A EU UNE COLLISION / UN ACCIDENT.
- IL Y A EU UNE PANNE DE SIGNAUX / D'AIGUILLAGE.
- LA VOIE EST BLOQUÉE PAR UNE CONGÈRE.

2 En autobus ou en autocar
by bus or coach

●

la gare routière	bus/coach station
un autobus; le bus	bus
un autocar; le car	coach
prendre	to catch
un arrêt d'autobus	bus stop
le/la plus proche	nearest *(6.7)*
en face de	opposite (location)
s'arrêter	to stop
la destination	destination
le numéro	number
la ligne (d'autobus)	(bus) route
le billet; le ticket	ticket
le prix; le tarif	fare
être assis	to be seated
être debout*	to be standing
le chauffeur;	driver
le conducteur	
complet -ète	full
passer	to pass by
souvent	often
une fois; deux fois	once; twice
seulement	only
il est interdit de	it is forbidden to
monter dans	to get on
descendre de	to get off
dire	to say; to tell
Depuis quand . . .?	(For) how long . . .?
le bon (bus/arrêt)	the right (bus/stop)

●●

faire la queue	to queue up
ralentir	to slow down
à l'avant (m.)	at the front
à l'arrière (m.)	at the rear/back
utiliser	to use
autrement	otherwise

●●●

un intervalle	time between
la compagnie	company
le terminus	terminus
le receveur	conductor
la section	fare stage
un abri	shelter
un arrêt obligatoire	compulsory stop
un arrêt facultatif	request stop
une issue de secours	emergency exit
être desservi par	to be served by
la desserte	service

*invariable

Ne pas distraire le chauffeur	Do not distract the driver's attention

●

Où est l'arrêt d'autobus le plus proche (d'ici)?
- Il y en a un près de la bibliothèque. *(See town 6.2)*

Est-ce que les bus passent souvent?
- Non, deux fois par jour seulement.

À quel arrêt faut-il descendre pour aller au musée?
- Vous descendez (à l'arrêt) après la cathédrale. Je vous le dirai.

Pardon, monsieur, pourriez-vous me dire quand nous arriverons au Pont Neuf?
- Oui, bien sûr. Je descends au Pont Neuf aussi.

Le bus est complet. Il faut prendre un taxi.
- Impossible. Je n'ai pas assez d'argent!
- Alors, il faut marcher.

Est-ce que c'est le bon arrêt d'autobus pour Montmartre?
- Non, il faut prendre/il faut que vous preniez le bus numéro 87.

● ●●

Monsieur, il est interdit de descendre/vous ne pouvez pas descendre à l'avant du bus. Il faut utiliser/il faut que vous utilisiez les autres portes.
- D'accord.

●●●

Il y a un autobus tous les combien?
Quel est l'intervalle entre deux bus?
- Ça dépend. Pendant les heures de pointe, ils passent toutes les 10 minutes /il y en a un toutes les dix minutes, mais autrement, toutes les heures.

3 Le métro de Paris
the Paris metro

●
la station de métro	metro station
la bouche de métro	metro station street entrance
le carnet de tickets	10 tickets bought at reduced price
la correspondance	change; connection
changer (de trains)	to change (trains)
la ligne numéro . . .	line number . . .
la direction	direction
la destination	destination

●●●
la rame	underground train (unit)
accélérer	to accelerate
la poinçonneuse automatique	automatic ticket cancelling machine
le tourniquet	turnstile
bloqué	jammed; stuck

●
Y a-t-il une bouche de métro près d'ici?
- Oui, à deux cents mètres.

Un carnet (de tickets) , s'il vous plaît.
- C'est 30 francs.

●●●
Que penses-tu/Qu'est-ce que tu penses du métro parisien?
- Je l'aime beaucoup parce que les stations sont plus proches les unes des autres qu'à Londres, et donc on trouve des bouches de métro plus facilement.

Comment puis-je passer par le tourniquet?
- Il faut mettre votre ticket dans la machine et poussez la barre.
- Mais mon billet est bloqué!
- Alors, attendez là. Je vais chercher quelqu'un.

la R.A.T.P.	(Régie autonome des transports parisiens) Paris transport system . . . the métro and buses
le R.E.R.	(Réseau express régional) Paris express metro network *(21.3)*

4 Par mer
by sea

le port	port
par le/en bateau	by boat
par le ferry	by ferry
traverser	to cross
la Manche	the Channel
le passager	passenger
le piéton	foot passenger *(6.3)*
avoir le mal de mer	to be seasick
la cabine	cabin

●●

la gare maritime	station at the ferry terminal
l'hoverport (m.)	hoverport
l'aéroglisseur (m.);	hovercraft
l'hovercraft (m.)	

●● ●●●

embarquer	to go on board
débarquer	to disembark

●●●

le jetfoil	jetfoil
l'hydrofoil (m.);	hydrofoil
l'hydroglisseur (m.)	
la passerelle	gangway *(1e. above)*
la rampe	ramp
le pont de voitures;	car deck
le garage (●)	
serrer le frein	to put on the
à main	handbrake
le siège inclinable	reclining seat
la traversée	crossing
la mer agitée/calme	rough/calm sea
la fiche d'immigration	immigration card
le gilet de sauvetage	lifejacket
la ceinture de sauvetage	lifebelt
le canot de sauvetage	lifeboat

●

Est-ce possible de réserver une cabine?
- Oui. Pour combien de personnes?
- Quatre. Deux adultes et deux enfants.

●● ●●●

Y a-t-il des sièges inclinables?
- Non, il n'y en a plus.

Combien dure la traversée de la Manche?
- Ça dépend. Douvres-Calais, ça prend 35 minutes par l'aéroglisseur, ou une heure et quart par le ferry, et Douvres-Ostend, ça prend une heure quarante par le jetfoil.

Où devons-nous embarquer?
- Alors, les piétons embarquent par la passerelle, et les voitures montent par la rampe.

J'ai le mal de mer.

Ça ne m'étonne pas. La mer est un tout petit peu agitée aujourd'hui.

- LAISSEZ LES CLÉS SUR LA VOITURE/SUR LE TABLEAU DE BORD.
- SERREZ LE FREIN À MAIN AVANT DE QUITTER VOTRE VÉHICULE.
- NE RESTEZ PAS SUR LE PONT DES VOITURES PENDANT LA TRAVERSÉE.
- REMPLISSEZ LA FICHE D'IMMIGRATION AVANT DE DÉBARQUER.

5 Par avion
by plane

•

un avion	(aero)plane
un aéroport	airport
la place	seat; place
le siège	(the actual) seat
un ascenseur	lift
le tableau	arrivals and
des départs et	departures
des arrivées	indicator board
l'hôtesse (f.) de l'air	air hostess
(la) Porte numéro . . .	Gate number . . .

••

voler	to fly
	(*Also:* to steal *16*)
le vol	flight (*Also:* theft)
attacher	to fasten
la ceinture	seat/safety belt
de sécurité	
éteindre	to put out; to
	extinguish

•••

le terminal	terminal
le hall des départs	departure lounge
le hall des arrivées	arrival lounge
faire contrôler	to check in
dépasser la limite	to exceed the
	limit
récupérer	to recover
le tapis roulant	moving pavement
un escalier mécanique/	escalator
roulant	
la piste	runway
décoller	to take off
atterrir	to land
s'écraser	to crash

•• •••

Combien de vols y a-t-il par semaine pour le Canada?
- Il n'y a que deux vols.

Je voudrais réserver une place pour demain.
- Dans la section fumeurs ou non fumeurs?/À l'arrière ou à l'avant de l'avion?
- Non fumeurs, près d'un hublot/près d'une aile.

Où est-ce que je dois embarquer pour aller à Lyon, s'il vous plaît?
- Vous embarquez à la porte numéro 16. Voilà votre billet d'embarquement.

Est-ce qu'il y a un ascenseur/un tapis roulant?
- Oui, et les chariots sont là-bas.

Le poids de votre valise dépasse la limite . . . vous devez payer un supplément.
- Oh là! là!

avoir le mal de l'air	to be air sick
le pilote	pilot
le steward	air steward
la section	section
une aile	wing *(8A.1)*
le hublot	porthole
être retardé	to be delayed
en raison de	because of
un ennui mécanique	mechanical fault
un hélicoptère	helicopter

LE VOL DE 10h00 POUR PARIS, NUMÉRO AF9641 EST RETARDÉ EN RAISON DU BROUILLARD/DE LA GLACE SUR LA PISTE/D'UN ENNUI MÉCANIQUE.

VOUS ÊTES PRIÉS DE FAIRE CONTRÔLER VOS BAGAGES.

- ATTACHEZ VOS CEINTURES.
- ÉTEIGNEZ VOS CIGARETTES.
- RÉCUPÉREZ VOS BAGAGES ET ALLEZ AU CONTRÔLE DES PASSEPORTS.

6 Passer à la douane
going through customs

●

la bouteille	bottle
un appareil-photo	camera *(10.8)*
la montre	watch
interdit	forbidden
âgé de (17) ans	(17) years old
le cadeau	present *(10.5)*
plusieurs	several
la frontière	border/frontier

●●

les articles (m.)	articles
un(e) douanier -ière	customs officer
une amende	fine

●●●

la facture	bill
examiner	to examine
les objets (m.) de valeur	valuables
les marchandises (f.)	goods
une calculatrice	calculator
le flacon	small bottle
prohibé	prohibited
transporter	to convey; to bring in
les droits (m.) de douane	customs duty
un pays membre de la C.E.E.	an EEC country *(21 & 1.3)*
appartenir à	to belong to

Rien à déclarer	Nothing to declare
Des objets à déclarer	Things to declare
Quelque chose à déclarer	Something to declare

●

Vous avez quelque chose à déclarer, mademoiselle?
- Non, seulement deux litres de vin, 200 cigarettes et une bouteille de whisky.
- Quel âge avez-vous?
- Seize ans.

●●   ●●●

- Mais il est interdit aux personnes âgées de moins de 17 ans de transporter des boissons alcoolisées et du tabac.
- Mais je n'en savais rien!
- Puis-je examiner vos bagages? Merci. Hum . . . vous avez plusieurs calculatrices, des montres et trois appareils-photo. Vous avez acheté ces articles en France?
- Euh . . . oui . . . non . . .
- Je veux voir les factures. Et ces flacons de parfum?
- Ce ne sont que des cadeaux!
- Passez par là. Vous avez/aurez des droits de douane à payer, mademoiselle, et peut-être une amende!

Monsieur, combien de litres de whisky puis-je apporter en France?
- Ça dépend. Vous êtes anglaise? Alors, 1,5 litres parce que vous venez d'un pays membre de la CEE. Mais si vous veniez d'un pays qui n'appartient pas à la CEE, la limite serait d'un litre.

Produits (marchandises) admis(es), mais limité(e)s
products (goods) allowed, but restricted

Tabac	**Tobacco**
cigarettes	cigarettes
cigares	cigars
cigarillos	small cigars

Boissons alcoolisées	**Alcoholic drinks**
vin de table	table wine (e.g. Beaujolais)
mousseux	sparkling wine (e.g. Champagne)
liqueurs	liqueurs
spiritueux	spirits
titrés plus de 22°	above 38° proof
titrés 22° ou moins	38° proof or less

Parfums	**Perfumes**

Eaux de toilette	**Toilet water**

1 Où allons-nous manger?
where shall we eat?

●

le repas	meal
manger	to eat
manger un morceau	to have a snack
boire	to drink
prendre	to have; to take
avoir faim	to be hungry
avoir soif	to be thirsty
le bar	bar
le café	café
le restaurant	restaurant
le snack(-bar)	snackbar
le self(-service);	cafeteria
la cafétéria	
faire un	to have a picnic
pique-nique	
pique-niquer	to picnic
le jardin public	park
en plein air	in the open air
dehors	outside; outdoors
les repas (m.)/	take-away food/
les plats préparés	meals
à emporter	
la charcuterie	delicatessen (10.2d)
la boulangerie	baker's
à la maison;	at home
chez soi/toi	

●●●

la nourriture	food
le bistro(t)	eating-house; 'pub'
la brasserie	large café (*Also:* brewery)
une auberge	inn
le relais-routier	transport
le salon de thé	tea room; café; restaurant

●

J'ai très/grand faim. Y a-t-il un bon restaurant près d'ici?
- Je ne suis pas sûr mais le self-service/la cafétéria des Galeries Lafayette est très bien et ce n'est pas trop cher.
- Bon, allons-y.

●●

Je veux manger un morceau. Tu veux m'accompagner à ce snack-bar?
- Hum . . . j'ai une meilleure idée. Allons pique-niquer/faire un pique-nique au jardin public. Je connais un endroit où on fait des repas/des plats préparés à emporter, comme des pizzas, par exemple. Ou bien nous pourrions acheter quelque chose à la boulangerie ou à la charcuterie.
- D'accord, c'est le temps idéal pour manger dehors/en plein air.

●● ●●●

Tu veux manger à la maison ou casser la croûte dans un bistrot?
- Je préfère rester ici. Le congélateur est plein et je peux préparer quelque chose en trois minutes avec le four à micro-ondes. (2.3c)
- Bon. Qu'est-ce que tu suggères?
- Moi, je préfère le poisson à la viande, donc je prendrai de la morue à la sauce persillée avec frites.
- Je suis au régime. Je prendrai des haricots verts à la place des frites.
- Je suis végétarien. Je prendrai une tourte au fromage et aux oignons.

la crêperie	café selling crêpes
la crêpe (●)	(thin) pancake
la pizzeria	pizza-house
mourir de faim	to die of hunger
casser la croûte	to have a bite to eat
sans façon	without frills
au lieu de;	instead of
à la place de	
être au régime	to be on a diet
être végétarien(ne)	to be a vegetarian
la tourte	pie; tart

●●●

Je meurs de faim. Arrêtons-nous manger quelque part.

- D'accord il y a un relais-routier à trois kilomètres (d'ici). On y sert de la bonne nourriture, bon marché et sans façon.

On peut apporter son manger	You may consume your own food

2 Au restaurant
at a restaurant

(a) Commander ordering

●

une table (de) libre	a free table
le garçon;	waiter
le serveur	
la serveuse	waitress
le patron	proprietor; boss
la patronne	proprietress
servir	to serve
choisir	to choose
désirer; vouloir	to want; to wish
recommander	to recommend
prendre	to 'have' (sth.)
un peu plus de	a little more
encore du/de la	more of
s'asseoir	to sit down
le plat	course; dish
la spécialité de	speciality
la maison	of the house
le menu du jour	menu of the day
le menu touristique	tourist menu
le menu à prix fixe	fixed price menu
le menu à 90 francs	90 francs menu
la carte	more expensive, itemised menu
manger à la carte	to choose from the itemised menu

●●

le menu conseillé	recommended menu
conseiller	to advise
s'installer	to settle oneself
ça suffit	that's enough

●

Monsieur, avez-vous une table pour deux personnes?

- Oui, venez avec moi. Il y en a une (de) libre dans le coin. Asseyez-vous/installez-vous là. Voici la carte.
- Nous voudrions le menu à 90 francs, s'il vous plaît.
- D'accord. Vous avez choisi?
- Oui, comme hors d'œuvres je voudrais du jambon de/ d'York, et ma femme a choisi le potage.
- Et après?
- Poulet rôti pour moi, et un bifteck, bien cuit, pour ma femme.
- Et comme légumes?
- Pommes frites pour nous deux.
- Et comme boisson?
- Un quart (de litre) de rosé, s'il vous plaît.

vingt minutes plus tard
- Alors, que désirez-vous comme dessert?
- Une tarte aux pommes et une glace à la fraise.
- Très bien. Vous voulez un café?
- Oui, deux crèmes, s'il vous plaît.

Monsieur, puis-je avoir un peu plus de vin, s'il vous plaît?

- J'arrive. Voilà une autre carafe/un autre pichet de rouge. *(See 3a below)*

● ●●

Comment désirez-vous le steak?

- Je l'aimerais à point/saignant.

Vous avez assez de frites?

- Oui, merci, ça suffit.

●●●

Aimez-vous les fruits de mer?

- Oui, certains. Par exemple les crevettes roses et les moules marinières. Mais je n'aime pas les huîtres. J'ai eu une indigestion la dernière fois!

(b) Les plats   *courses; dishes*

Les hors-d'œuvres   starters

•

les hors-d'œuvres variés (m.)	mixed hors d'œuvres
une assiette de crudités	vegetables (raw/grated)
du jambon de/ d' York	cooked ham
du pâté maison	pâté
du saucisson	sausage
des œufs (m.) mayonnaise	egg mayonnaise
du potage; de la soupe	vegetable soup

Les entrées: Sometimes used to mean hors d'œuvres/ starters. More precisely, it is a dish served in between the hors d'œuvres (or soup) and the main course, e.g. vol-au-vent, viandes froides (cold, cooked meats).

~~~~~~~~~~~~~~~~~~~~~~

••

une assiette anglaise	assorted cold meats
de la terrine du chef/maison/ de campagne	(large portion of) pâté
des carottes râpées (f.)	grated carrots
du consommé	clear soup

•••

une salade de thon	tuna-fish salad
des tomates farcies (f.)	stuffed tomatoes
une douzaine d'escargots	a dozen snails
du potage bonne femme	vegetable soup
de la bouillabaisse	mixed fish soup

Le plat principal   the main course

Les viandes   *meat*

•

un/du bifteck	beefsteak
un steak	steak
du bœuf	beef
du porc	pork
du veau	veal
une côte (de porc, etc.)	chop
à point	medium done
bien cuit	well done

••

de l'agneau (m.)	lamb
du lapin	rabbit
une côtelette (d'agneau etc.)	cutlet /chop (lamb, etc.)
de l'épaule de mouton	shoulder of mutton
saignant	rare
bleu	almost raw

(See also la charcuterie, 10.2d)

•••

du ragoût	stew
des ris de veau (m.)	sweetbreads
un filet	fillet
une escalope	slice of meat
une entrecôte	rib steak

•   ••   •••

grillé	grilled
rôti	roast(ed)
frit	fried
sauté	quick-fried
fumé	smoked
haché	minced
au four	oven-baked
au gratin	browned *(c. below)*
fondu	melted

Les poissons   *fish*

••

une truite	trout
des sardines (m.)	sardines

•••

un filet de sole	fillet of sole
un maquereau	mackerel
de la morue	cod
du saumon	salmon

Les fruits de mer *seafood*

••

les coquillages (m.)	shellfish

•••

des moules (f.)	mussels
des crevettes roses (f.); des bouquets (m.)	prawns
des crevettes grises (f.)	shrimps
des huîtres (f.)	oysters

du crabe	crab
du homard	lobster
des langoustines (f.)	Dublin bay prawns
de la langouste	crayfish
des bigorneaux (m.)	winkles

La volaille *poultry*

•

du poulet	chicken

••

du canard	duck

•••

de la dinde	turkey
du coq au vin	chicken cooked with red wine

Les légumes *vegetables*
(See also 10.2c)

•

des carottes (f.)	carrots
du chou	cabbage
du chou-fleur	cauliflower
des pommes de terre (f.)	potatoes
des (pommes) frites (f.)	chips
de la purée	creamed potatoes
du riz	rice
des haricots (verts)	(green) beans
des petits pois	peas
des tomates (m.)	tomatoes
de la salade	dressed lettuce
de la laitue (•••)	lettuce

••

des champignons (m.)	mushrooms
de l'oignon; des oignons (m.)	onion(s)

•••

de l'artichaut (m.)	artichoke
du concombre	cucumber
des épinards (m.)	spinach
du/des poireau(x)	leek(s)
de la choucroute	sauerkraut; pickled cabbage
des fèves (f.)	broad beans *(14.3a)*
du maïs	sweetcorn

Les assaisonnements
seasoning/condiments

•

du sel	salt

••

du poivre	pepper
de la moutarde	mustard
de l'huile (f.)	(olive) oil
de la mayonnaise	mayonnaise

•••

du vinaigre	vinegar
de la sauce vinaigrette	salad dressing
des fines herbes (f.)	mixed herbs; chopped parsley
du persil	parsley

Les desserts desserts

•

une/de la tarte (aux pommes)	a/some (apple) tart
un/du gâteau	a/some cake
une/de la glace	a/some ice-cream
un yaourt nature/ à la fraise	natural/strawberry yoghurt

•••

un/du flan	a/some custard tart
une/de la crème caramel	a/some crème caramel
une/de la mousse au chocolat/au citron	chocolate/lemon mousse

Le fromage   cheese

● ●● ●●●
du camembert
du brie
du gruyère
de l'édam
du roquefort
du comté
du cantal
de la vache qui rit
du bleu d'Auvergne
du St. Nectaire

Les fruits . . . fruit *(See shopping, 10.2c)*

(c) Quelques définitions   *some definitions*

●
vouloir dire	to mean
la tranche	slice
la saucisse	(hot) sausage
le saucisson	(cold) sausage

●●●
couvrir de	to cover with
une noisette de	a knob of butter
beurre	
une noisette	hazelnut

●
Monsieur, qu'est-ce que c'est, le jambon de/d'York?
- C'est une tranche de jambon, servie avec une noisette (●●●) de beurre.

. . . et la salade?
- C'est de la laitue servie avec de la sauce vinaigrette.

. . . et la paella?
- C'est un plat espagnol. Il y a du poulet, des oignons et d'autres légumes, et des fruits de mer, servis avec du riz.

. . . et la bouillabaisse?
- C'est une soupe de poisson chaude, spécialité de Marseille.

. . . et le cassoulet?
- C'est un plat de haricots cuisinés dans une sauce tomate avec des saucisses.

Et 'garni', qu'est-ce que ça veut dire?
- En général, ça veut dire 'servi avec des légumes, ou avec de la salade', mais 'choucroute garni', c'est de la choucroute servie avec des saucisses/de la charcuterie.

Et que veut dire 'au gratin'?
- C'est un plat couvert de fromage fondu et grillé.

(d) Payer   *paying*

●
tout de suite	immediately
l'addition (f.)	bill
coûter	to cost
une erreur;	mistake; error
une faute	
le prix net	inclusive price
le service	service charge
(non) compris	(not) included
en sus;	extra; charged
en supplément	as an extra

● ●●
L'addition, s'il vous plaît.
- Tout de suite/un instant, monsieur. Voilà.
- 161 francs! Vous avez fait une erreur! Deux plats du jour à 55 francs, ça fait 110 francs.
- Oui, mais ce n'est pas le prix net. Il y avait un supplément de 9 francs pour le steak-frites, le pichet de vin est à 11 francs, plus 5 francs pour les couverts.

●●		
le couvert	'cover' charge	- Et le service est compris?
	(g. below)	- Non, c'est 15% en plus. Donc la somme totale de 161
le pourboire	tip	francs est correcte.
se tromper de	to make a mistake	- C'est la dernière fois que nous venons ici. Nous ne
croire	to think; to believe	sommes pas prêts de revenir ici.
lire	to read	- Il vaudrait mieux lire avant de choisir, monsieur.
avant de	before	
la somme	sum; amount	or
●●●		- *Oui*, vous avez raison. Je me suis trompé. Je croyais que
le total	total	vous mangiez à la carte. Je suis désolé. *(14.b)*
ajouter	to add	- Je vous en prie. *(18.1)*

(e) Avez-vous bien mangé? *Did you eat well/enjoy that?* _____

●		●
délicieux	delicious	- *Oui*, c'était délicieux.
froid	cold	- *Non*, les légumes étaient froids.
chaud	hot	
(très) bon	(very) good	●● ●●●
excellent	excellent	- *Oui*. Mes félicitations/mes compliments au chef!
mauvais	bad	- *Non*, pas tellement. Le porc était à moitié cuit.
avoir l'air (m.)	to seem; to appear	- La purée était trop salée.
		- Je n'ai jamais mangé de si mauvais poisson.
●●		- Le repas était raisonnable, mais il n'y avait pas la quantité.
les félicitations (f.)	congratulations	- Le repas avait l'air appétissant, mais c'était sans goût/rien
les compliments (m.)	compliments	n'avait de goût/tout était insipide.
appétissant	appetising	
sucré	sweetened	
salé	salty	~~~~~~~~~~~~~~~~~~~~~~~~
le goût	taste	
goûter	to taste	
le goûter	(afternoon) tea *(see*	
	4b below)	
		●●●
pas tellement	not really	**à moitié cuit** half-cooked
si (+ adj.)	such	**raisonnable** reasonable
la quantité	quantity	**insipide** tasteless
la qualité	quality	

(f) Les problèmes *problems* _____

●		●
sale	dirty	**Ce verre/ce couteau est sale/n'est pas propre.**
propre	clean	- Je suis désolé. Je vais le changer.
se fâcher	to get annoyed	
être fâché	to be annoyed	● ●●
malade	ill	**Il nous manque une chaise/Il me manque une**
manquer	to be short of;	**fourchette.**
	to miss	- Je vous en apporte une.
la jupe	skirt	
		●● ●●●
●●		**Monsieur le directeur! Le garçon a renversé le vin sur**
apporter	to bring	**ma jupe. Elle est tachée. C'est inadmissible!**
se plaindre	to complain	- Je suis désolé, Madame. Nous payerons le nettoyage ou si
satisfait	satisfied	vous préférez, nous allons vous rembourser. Le dîner de ce
protester	to protest	soir vous est offert par la direction.
insulter	to insult	
une attitude	attitude	
inadmissible	intolerable	
se mettre en colère	to get angry	
s'inquiéter	to worry	

le nettoyage (à sec)	(dry) cleaning	
rembourser	to refund	
offert (offrir)	offered	

●●●

le vol-au-vent*	vol-au-vent
une allergie	allergy
allergique à	allergic to
la tache	stain
tacher	to stain
la direction	management *(8A.1)*

*invariable

Monsieur, mon ami est très malade. Je sais qu'il est allergique aux champignons, mais il n'en a pas mangé.

- Mais si. Il y (en) avait (des champignons) dans les vol-au-vent. Ne vous inquiétez pas. J'appelle un médecin. *(15)*

(g) Le couvert *place setting*

●

la table	table
la chaise	chair
la cuiller -ère	spoon
la cuiller	teaspoon
à thé/à café	coffee spoon
la fourchette	fork
le couteau	knife
le verre	glass
la tasse	cup
la soucoupe	saucer
le bol	bowl
la serviette	tablecloth
	(Also: towel; briefcase)

le plateau	tray

●●

le couvert	place setting
la nappe	serviette

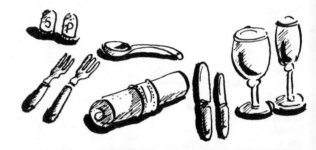

3 Au café; au bar
at a cafe or bar

(a) Prendre un pot *having a drink*

●

avoir soif	to be thirsty
une tasse de	a cup of
un verre de	a glass of
une bouteille de	a bottle of
un quart de vin	¼ litre of wine

●●●

une carafe de	a carafe of
un pichet de	a small jug of
la tournée	round; turn
au comptoir	at the counter
dans la salle	in the café/bar
à/sur la terrasse	on the terrace
le barman	barman
la barmaid	barmaid
d'après; selon	according to

●   ●●

salut!; à ta/ votre santé!	cheers! *(14.4a)*
à la tienne/la vôtre	cheers to you
je t'invite	I'm buying

●

Bonjour Monsieur. Vous désirez?
- Un grand (café) crème et une bière s'il vous plaît.

●●   ●●●

Ah. Salut Jean-Luc! Cela fait longtemps que je ne t'ai pas vu. Tu veux prendre/Tu prends un pot avec moi?
- D'accord. À ta santé.
- À la tienne.
- Bon, il faut que je m'en aille. Monsieur/Garçon. L'addition s'il vous plaît.
- Non. C'est moi qui paie. Je t'ai invité.
- Alors, la prochaine fois ce sera ma tournée.
- Demain on ira prendre l'apéritif au Bar de la Villette.
- D'accord, à demain.

●●●

Voilà l'addition. Cela fait 23 francs.
- Hum . . . mais d'après/selon le tarif des consommations, deux bières font 16 francs.
- Ça c'est le prix au comptoir. Ça coûte plus cher dans la salle et à la/sur la/en terrasse, et le service n'est pas compris. Regardez. C'est marqué sur le tableau des tarifs.

Les boissons non-alcoolisées
non-alcoholic drinks

●

le coca cola	coca cola
la limonade	lemonade
l'eau minérale	mineral water
le jus de fruit	fruit juice
le citron pressé	lemon squash
le thé au lait/	tea with milk/
citron	lemon
le café-crème	white coffee
le café express	expresso coffee
le chocolat (chaud)	(hot) chocolate drink

● ●

un orangina	fizzy orange
le sirop	fruit concentrate
	(for diluting)

● ● ●

la menthe à l'eau	mint drink

Les boissons alcoolisées
alcoholic drinks

●

la bière	beer
le demi	25 cl. draught beer
le cidre	cider
le vin	white/red/rosé
blanc/rouge/rosé/	dry/sweet/
sec/doux/de pays	country wine
un apéritif	aperitive

● ●

la bière pression	draught beer

● ● ●

le panaché	shandy
le whisky; le gin	whisky; gin
le porto; le sherry	port; sherry
le pastis	pastis (aniseed
	drink)

(b) Les repas légers et les casse-croûte   *light meals and snacks*

●

une omelette	omelette
une crêpe	(thin) pancake
un hamburger	hamburger
un hot-dog	hot dog
un sandwich au	ham/cheese
jambon/au fromage	sandwich
devoir (dois, *pres.*	to owe; to have to
tense)	
le téléphone	telephone
les toilettes (f.)	toilets

● ●

la vitrine	(shop-)window
un croque-monsieur	cheese & ham toastie
une portion de	a portion of
frites	chips

●   ● ●

Que servez-vous comme repas?
- C'est affiché dans/sur la vitrine.
- Ah, oui. Je prendrai une omelette avec des frites et un croque-monsieur. Combien je vous dois?
- Ça fait 30 francs, monsieur.

Je voudrais me laver les mains. Où sont les toilettes?
- Par là, juste après le téléphone.

● ● ●

un merguez	spicy sausage
la brochette	kebab

(c) Les problèmes   *problems*

●

le bruit	noise
ailleurs	elsewhere

● ●

bruyant	noisy

● ● ●

le juke-box	juke-box
le flipper	pin-ball machine
	(13.B.2)
supporter	to put up with

●   ● ●   ● ● ●

Je n'aime pas ce café. Le juke-box/la musique est trop bruyant(e), et je ne peux plus supporter le bruit du flipper.
- Alors, allons ailleurs.

4 Les autres repas
other meals

(a) Le petit déjeuner   *breakfast*

●

le pain	bread
la baguette	French loaf/stick
le croissant	croissant
le beurre	butter
la confiture	jam
la confiture d'oranges	marmalade
le thé	tea
le café crème/ au lait	white coffee
petit/grand	small/large
le sucre	sugar
le chocolat	chocolate drink
un œuf . . .	egg

●●●

. . . à la coque	boiled egg
. . . sur le plat	fried egg
. . . poché	poached egg
des œufs brouillés	scrambled eggs
des œufs au bacon	eggs and bacon
des toasts (m.)	some toast
des biscottes (f.)	rusk-type biscuits
des tartines (f.)	bread & butter/jam
les céréales (f.)	cereals
les pétales (m.) de maïs	cornflakes
le pamplemousse	grapefruit

●

Qu'est-ce que tu manges au petit déjeuner?

en France
- Je prends des croissants, du pain beurré et de la confiture, et un bol de café au lait.

en Angleterre
- Pendant la semaine, je prends des céréales ou un œuf. Mais le dimanche et quand je suis en vacances, j'aime manger un bon petit déjeuner.

●●●

. . . la moitié d'un pamplemousse, des céréales, des toasts, des œufs au bacon, des saucisses et des tomates grillées, et plusieurs tasses de thé.
- Ça c'est un vrai déjeuner!
- Oui, et comme ça /avec ça je n'ai pas faim avant le goûter de 4 heures.

(b) Le goûter et les gâteries   *afternoon tea and little treats*

●

le(s) gâteau(x)	cake(s)
des bonbons (m.)	some sweets
du chocolat	some chocolate
des chips (m.)	some crisps
des biscuits (m.)	some biscuits
une glace	ice-cream
les parfums (m.)	flavours
vanille	vanilla
fraise	strawberry
framboise	raspberry
citron	lemon
pistache	pistachio
chocolat	chocolate
café	coffee

●●●

la sucette	lollipop
les cacahouètes (f.)	peanuts
le beignet	doughnut
la gaufre	waffle

●

Le goûter, qu'est-ce que c'est?
- Quand on rentre de l'école/du travail, on prend des pains au chocolat, des tartines, du gâteau et du thé au lait. C'est ça le goûter. Si je ne suis pas chez moi, j'achète des bonbons, des chips ou une glace en attendant le dîner.

1 Où et quand?
where and when?

●

le magasin	shop
la boutique/	(small) shop
du quartier	local
du coin	corner
le centre	shopping centre
commercial	
le supermarché	supermarket
un hypermarché	hypermarket
le grand magasin	department store
le marché	market
le weekend	weekend
tous les jours	every day
tous les samedis	every Saturday
la liste	list
acheter	to buy
aller chercher	to go to get
le/la vendeur -euse	salesperson
un(e) client(e)	customer
faire la queue	to queue up
la caisse	check-out
fermé (fermer)	closed
ouvert (ouvrir)	open
à partir de	(as) from
jusqu'à	until
entre	between
se décider à;	to make up one's
décider de	mind; to decide
détester	to hate

●●

faire des achats (m.)	to go shopping/to shop
comparer les prix (m.)	to compare prices
se dépêcher	to hurry (up)
la plupart de	most of
déçu	disappointed

●

Où fais-tu du shopping?
- Tous les samedis je vais avec ma mère dans le/au centre-ville. Il y a un Arndale Centre, un grand centre commercial un peu comme le Forum des Halles à Paris, avec toutes sortes de magasins, et souvent nous allons au marché qui est tout près.

Tu aimes faire les courses le samedi?
- Non. Il y a trop de monde/clients, les vendeurs sont trop occupés pour vous aider et en plus il faut faire la queue à la caisse.

Et pendant la semaine?
- Si nous avons besoin de quelque chose ma mère me donne une liste et je vais à l'épicerie du coin. C'est plus cher, mais c'est ouvert à toute heure. Et chaque jeudi, mon père va à l'hypermarché qui est ouvert jusqu'à 20h00.

Et les magasins ferment quand?
- Le mercredi ils sont fermés l'après-midi/à partir de midi, et bien sûr le dimanche. Et beaucoup ferment entre 12 et 2h00 pour le déjeuner. Mais vous pouvez toujours trouver une boutique du quartier qui est ouverte. Et au moment de Noël beaucoup de magasins restent ouverts tard.

●● ●●●

Tu préfères aller faire les courses seul?
- Oui. J'aime faire du lèche-vitrines et comparer les prix avant de me décider. Je déteste me dépêcher.

Quelles sont les heures d'ouverture en France?
- Ça dépend, comme en Angleterre, mais pour ne pas être déçu, rappelez-vous qu'en août, c'est la fermeture annuelle, et la plupart des magasins à Paris sont fermés.

●●●

faire du lèche-vitrines	to go window-shopping
les heures (f.) d'ouverture	opening hours
la fermeture annuelle	annual closing
spécialiste	specialist
la maquette	model *(13.A.5)*
le modélisme	model-making
un ordinateur	computer

Est-ce que tu ne vas jamais à Manchester faire des achats?
- Si, il y a là-bas des magasins spécialisés qui m'intéressent; de grandes librairies, des magasins de maquettes/de modélisme et un centre d'ordinateurs.

2 Acheter de la nourriture
buying food

(a) À l'épicerie   *at the grocer's*

●

un(e) épicier -ière	grocer	le yaourt nature	natural yoghurt
le café	coffee	les parfums (m.)	flavours *(9.4b)*
le thé	tea	frais (fraîche)	fresh *(Also:* not tinned/frozen)
le sucre	sugar		
le sel	salt	pas frais	not fresh
la confiture d'orange	jam marmalade	mauvais	bad
un œuf	egg		
les biscuits (m.)	biscuits	●●●	
		le lait écrémé	skimmed milk
la crémerie	dairy products	les produits congelés/surgelés	frozen food
le fromage	cheese		
le beurre	butter	en boîte; en conserve	tinned
le lait	milk		
la crème	cream		

(b) À la boulangerie   *at the baker's*

●

le boulanger -ère	baker	●●●	
le pain	bread	rassis	stale
le petit pain	bread roll	la ficelle	long thin loaf; *(Also:* string)
la baguette	French loaf		
la demi-baguette	half a loaf		
le croissant	croissant		
dur	stale; hard		

(c) Chez le marchand de légumes/de fruit   *at the greengrocer's/fruitshop*

les légumes   *vegetables*

●

la pomme de terre	potato	●●	
la tomate	tomato	le chou-fleur	cauliflower
le haricot (vert)	(green) bean	un oignon	onion
les petits pois (m.)	peas	le concombre	cucumber
la carotte	carrot		
le chou	cabbage	●●●	
		la laitue	lettuce
		le radis	radish
		la betterave	beetroot

les fruits *fruit*

●

la pomme	apple
une orange	orange
la banane	banana
la pêche	peach
un abricot	apricot
la fraise	strawberry
la framboise	raspberry

●●●

la cerise	cherry
la prune	plum
le pruneau	prune
le pamplemousse	grapefruit
un ananas	pineapple
la grappe de raisins	bunch of grapes
du raisin	some grapes
mûr	ripe
la noisette	(hazel)nut
la noix	nut; walnut

(d) À la charcuterie *at the pork-butcher's/delicatessen*

●

le jambon	ham
le pâté	pâté
le salami	salami
la saucisse	sausage for cooking
le saucisson	cold sausage

●●●

. . . à l'ail (m.)	garlic flavoured

other meat shops

la boucherie	butcher's
la boucherie chevaline	horsemeat butcher's

(e) À la pâtisserie *at the cake shop*

●

le pâtissier -ière	confectioner
la confiserie	sweet shop
le confiseur	confectioner
le(s) gâteau(x)	cake(s)
les bonbons (m.)	sweets
le chocolat	chocolate
la glace	ice-cream
le parfum	flavour *(9.4b)*

●●

la tarte	tart

●●●

un éclair	éclair *(See also 7.1)*
le chausson aux pommes	apple turnover
la sucette	lollipop

(f) Ça se vend au poids? *Is it sold by weight?*

●   ●●   ●●●

le poids	weight
peser	to weigh
un kilo de	a kilo (2.2lbs) of
un demi-kilo de; 500 grammes de	0.5 kilo (1.1lbs) of
une livre de	a pound of; 500gms of
deux cents grammes de	200 grammes of
le volume	volume
un litre de	a litre of
25 centilitres de (un demi)	25 cls. of
une tranche	a slice
fin; épais(se)	thin; thick

●   ●●

Pouvez-vous/pourriez-vous peser ces bananes?
- Oui, ça fait 1 kilo et demi. C'est trop?
- Non, ça va. Donnez-moi un chou-fleur, s'il vous plaît?
- Celui-ci?
- Non, un plus gros.
- Bon, et avec ça?
- Trois kilos de pommes de terre et une livre/500 grammes de tomates. Pourriez-vous me choisir des mûres?
- Voilà. Vous voulez un sac plastique?
- Oui merci. Combien je vous dois?
- Ça fait 28 francs.

une tranche de jambon	slice of ham
un morceau de poisson	piece of fish
un morceau/une part de gâteau	piece/slice of cake
une douzaine d'œufs	a dozen eggs
une boîte de	a tin/can/box of
petits pois	peas
Coca Cola	coke
chocolats	chocolates
sachets de thé	tea bags
une bouteille de vin/lait/bière	a bottle of wine/milk/beer
une can(n)ette de bière	small bottle of beer
un carton de/une brique de lait	a carton of milk
un pot de confiture/yaourt	a pot of jam/yoghurt
un sac de pommes de terre	a bag/sack of potatoes
un paquet de	a packet of
chips	crisps
biscuits	biscuits
bonbons	sweets
lessive	soap powder

Bonjour monsieur. Vous désirez?
- Je voudrais 300 grammes de jambon de/d' York, s'il vous plaît.
- Oui. Comme ceci les tranches?
- Non, plus fines/épaisses, s'il vous plaît.
- Bon voilà. Voulez-vous autre chose?
- Non merci, c'est tout.

| cacahuètes | peanuts |
| un tube de dentifrice | a tube of toothpaste |

Expressions of quantity   *(18.5)*

●
combien de . . .?	How much...?
assez de	enough
beaucoup de	a lot of/much
trop de	too much
un peu de	a little
moins de	less than
plus de	more than

●●
tant de	as much/many
la moitié de	half of
entier -ière	whole
plusieurs	several

3 Au magasin de vêtements
at the clothes shop

(a) Les vêtements   clothes

●
le pantalon	pair of trousers
le (blue-)jean(s)	jeans
la jupe	skirt
la robe	dress
la chemise	shirt
le chemisier	blouse
la cravate	tie
le T-shirt	T-shirt
le sweat-shirt	sweat shirt
le pull(-over)	pullover
la veste	jacket
le veston	coat; jacket
un imperméable	raincoat
un anorak	anorak
le manteau	(over)coat
le chapeau	hat
le bikini	bikini
le maillot de bain	swimming costume
le slip de bain	men's trunks
la paire de chaussettes (f.)	pair of socks

| le collant | tights |

●●
le short	pair of shorts
le tricot	sweater
le blouson	(short) jacket
le pardessus	overcoat
le bonnet	hat
la culotte	knickers
le slip	knickers; underpants
le soutien-gorge	bra
le pyjama	pyjamas
la chemise de nuit	nightdress
la robe de chambre	dressing gown

●●●
la salopette	dungarees
le capuchon	hood
une écharpe	scarf
le survêtement	tracksuit

(b) Les accessoires   accessories

●
| le mouchoir | handkerchief |
| le parapluie | umbrella |

••		•••	
le sac à main	handbag	le foulard	headscarf
les gants (m.)	gloves	le collier	necklace
la ceinture	belt	les boucles (f.)	earrings
		d'oreille	

(c) Les couleurs   colours

(See also 1.5)

•		••	
blanc (blanche)	white	clair	light
noir	black	foncé	dark
gris	grey	bleu clair*	light blue
rouge	red	bleu marine*	navy blue
rose	pink	bleu foncé*	dark blue
bleu	blue	bleu ciel*	sky blue
vert	green	*invariable	
jaune	yellow		
orange*	orange	•••	
beige	beige	bleuâtre	bluish
brun	brown	verdâtre	greenish
marron*	brown	bordeaux	burgundy; maroon
pourpre	crimson		
turquoise	turquoise		

(d) Les motifs   patterns and designs

•		•••	
rayé	striped	voyant; criard	loud
••			
à rayures	striped		
à carreaux	checked		

(e) Le tissu   material

•		••	
en coton	cotton	en soie	silk
en laine	wool(len)		
en nylon	nylon	•••	
en polyester	polyester	en velours	velvet
en acrylique	acrylic	en velours côtelé	corduroy
en cuir	leather	en gaberdine	gaberdine
léger -ère	light		
lourd	heavy		

(f) La mode   fashion

•		•••	
le style	style	la longueur	length
moderne	modern	la manche	sleeve
élégant	elegant	plissé	pleated
chic*	smart; stylish		
la poche	pocket	*invariable	

(g) La taille   size (clothes)

•		étroit	narrow; tight
petit	small	large	wide
grand	large; big	le centimètre	centimetre
long(ue)	long	•••	
court	short	serré	tight

95

La bonne taille   the right size
Comparaison de tailles   comparing sizes

Robes, tricots femmes	dresses, women's knitwear					
Grande-Bretagne	10	12	14	16	18	20
	32	34	36	38	40	42
France	36	38	40	42	44	46

Tricots, vestes hommes	men's sweaters, jackets						
Grande-Bretagne	34	36	38	40	42	44	46
France	44	46	48	51	54	56	59

Note also: *homme*   small men's   *patron*   large
      demi-patron   medium   *grand patron*   extra large

Chemises hommes	men's shirts						
Grande-Bretagne	14	14½	15	15½	16	16½	17
France	36	37	38	39/40	41	42	43

(h) Choisir et essayer   *choosing and trying on*

●

porter	to wear; to carry
mettre	to put on
aller avec	to go with; to match
aimer mieux; préférer	to prefer *(1.4c)*
désirer	to want
montrer	to show
prendre	to take

●●

| enlever | to take off |

●●●

la cabine d'essayage	fitting room
en dessous	below (for a size)
en dessus	above (for a size)
davantage	more

●   ●●   ●●●

Quelle taille faites-vous/vous faut-il?
- Il me faut du/un 40 en robe; 54 en pulls/veston; 41 en chemise.

Vous avez une idée (de ce que vous désirez) madame?
- *Oui*, je veux quelque chose en cuir/en velours/de beige/de bleu marine/de rayé/à la mode/de plissé.
- Oui je pense que cette robe vous plaira. C'est un nouveau style avec un joli motif.
- Non je n'aime pas les poches/je préfère les manches longues.
- Celle-ci vous plaît-elle davantage, madame?
- Oui c'est mieux. Puis-je l'essayer?
- Bien sûr. La cabine d'essayage est par là.

10 minutes plus tard
- *Non.* C'est trop étroit/serré.
     Ça ne me va pas.
     Ça ne va pas avec mes chaussures.
     L'étoffe est trop lourde pour l'été/trop legère pour l'hiver.
     Je n'aime pas l'acrylique. Vous avez quelque chose de semblable en laine?
     Vous n'avez pas plus grand. Je veux porter un pull en dessous?
     - Non.
     - Tant pis. Merci quand même.

- Oui. C'est tout à fait à ma taille.
     Ça va bien avec mes chaussures.
     La longueur est parfaite.
     Je la prends.

4 Les chaussures
shoes

●

la pointure	(shoe-)size
la paire de chaussures (f.)	pair of shoes
les sandales (f.)	sandals

●●

les bottes (f.)	boots
les pantoufles (m.)	slippers
la vitrine	shop window
haut	high
bas(se)	low
au-dessus	above
au-dessous	below

●●●

juste	tight
pointu	pointed
les chaussures (f.) de sport	trainers
le talon	heel
emballer	to wrap up
le miroir; la glace	mirror
de daim	suede

● ●● ●●●

J'ai vu une jolie paire de chaussures dans l'étalage/ dans la vitrine, numéro 17. Puis-je les essayer?
- Oui. Quelle pointure vous faut-il, madame?
- Je fais du 37.
- Elles sont trop petites/justes/pointues. Avez-vous une pointure au-dessus?
- Je vais voir. Non, je regrette.
- Alors, pourriez-vous me montrer quelque chose dans un style semblable, en bleu ou rouge?
- Oui. Celles-ci vous plaisent?
- Non, le talon est trop haut/bas.
- Alors, essayez celles-ci.
- Mm . . . elles sont très confortables. Elles me vont bien?
- Oui madame, regardez dans le miroir, par là.
- Oui, je les aime. Je les prends. Je les porte tout de suite.
- Bon, je vous emballe les autres.

un étalage	shop window display (*Also:* market stall)

La bonne pointure the right size

Chaussures femmes		women's shoes						
Grande-Bretagne	3	3½	4	4½	5	5½	6	7	8
France	35½	36	36½	37	37½	38	39	40	41

Chaussures hommes		men's shoes						
Grande-Bretagne	5	5½	6½	7	8	9	10	11	12
France	38	39	40	41	42	43	44	45	46

5 Les cadeaux
presents

(a) La boutique de souvenirs   the souvenir shop

●

le porte-clés	key ring
le portefeuille	wallet
le porte-monnaie	purse
offrir	to give as a present; to offer

●●●

le cendrier	ashtray
le briquet	cigarette lighter
le calendrier	calendar

le tableau	picture; painting
le torchon	tea towel
le bâton de sucre	stick of
d'orge (de Southend)	(Southend) rock
le bibelot	ornament; trinket
en plastique	plastic
en métal	metal
en acier (inoxydable)	(stainless) steel
en cuivre	copper; brass
en bois	wooden

●●●

Nous devons acheter quelque chose pour Hélène et les enfants. As-tu des idées?
- Oui, une Tour de Blackpool pour Hélène et des bâtons de sucre d'orge pour les filles.
- Vraiment! Elle déteste les bibelots en plastique, et tu connais son opinion sur les bâtons de sucre d'orge!
- Alors, offrons-leur un tableau et deux porte-clés.

(b) La bijouterie *the jeweller's*

●

la montre (digitale)	(digital) watch

●●●

le bijoutier	jeweller
le(s) bijou(x)	jewel(s)
les boucles (f.) d'oreilles; les pendants (m.) d'oreilles	earrings
le pendentif	pendant (around neck)
le collier	necklace
le bracelet	bracelet
la bague (de fiançailles)	(engagement) ring

●●●

Je voudrais acheter ce coffre à bijoux.
- C'est pour offrir, mademoiselle?
- Oui. Pourriez-vous faire un paquet-cadeau?
- Oui, bien sûr. Voilà mademoiselle.

une alliance	wedding ring
le coffre à bijoux	jewel box
en or	gold
en argent	silver
en platine	platinum
plaqué or	gold plated
plaqué argent	silver plated

6 Les cartes postales et les journaux
postcards and newspapers

le café-tabac	a café/bar, which also sells newspapers, stamps, etc.
la maison de la presse	newsagent's
la librairie	bookshop
la papeterie	stationer's

●

le(s) journal -aux	newspaper(s)
la carte postale	postcard
le magazine; la revue	magazine
la bande dessineé; la B.D.	comic
le livre	book
la carte routière	road map
le stylo	pen
une enveloppe	envelope

●●

le guide touristique	guide book
le papier à écrire	writing paper

Vendu aussi au (bureau de) tabac/au café-tabac/chez le buraliste (●●●) — *Also sold at* the tobacconist's

●

les cigarettes (f.)	cigarettes
le cigare	cigar
les allumettes (f.)	matches
le timbre	stamp

7 Les articles de toilette ▬▬▬▬▬▬▬
toiletries

La pharmacie *pharmacy/chemist's* _____
un(e) pharmacien -ienne *pharmacist*

Les articles de toilette toiletries

•

le savon	soap	**••**	
le dentifrice	toothpaste	le shampooing	shampoo
la brosse	toothbrush/	le déodorant	deodorant
à dents/à cheveux	hairbrush		
les mouchoirs (m.) en	paper tissues	**•••**	
papier/des kleenex		le fil dentaire	dental floss
		le peigne	comb

Les produits solaires sun creams (etc.)

•

les lunettes (f.)	sunglasses	**••**	
de soleil		l'huile (f.)/la lotion/	suntan oil/
		le lait solaire	lotion/cream

Pour bébé baby care

•

les petits pots	babyfood	**•••**	
pour bébé		les couches (f.)	(disposable)
		(jetables)	nappies

Les médicaments medicine(s)
(see 15.3)

La parfumerie *perfume shop* _____

•

le parfum	perfume
	(*Also:* flavour, 9.4b)
les savons (m.)	Christian Dior
Christian Dior	soaps
le maquillage	make-up
le rouge à lèvres	lipstick

•••

le crayon	eyeliner
(pour les yeux)	
le mascara	mascara
le fard à paupières	eye shadow
le fard à joue;	blusher
le fard de teint	
le démaquillant	make-up remover
les cotons (m.) à	cotton wool
démaquiller	balls
les cotons-tiges	cottonwool buds
le vernis à ongles	nail varnish
le dissolvant	nail varnish
	remover

•

Où puis-je acheter du savon et du déodorant?
- Comme en Angleterre, vous pouvez les acheter à la pharmacie, ou même à la parfumerie, mais c'est plus cher. Ça vaut la peine d'aller au supermarché. Vous aurez plus de choix et c'est meilleur marché/moins cher.

8 Chez le photographe
at the photographic shop

●

un appareil(-photo)	camera
la pellicule	film
couleur	colour
noir et blanc	black and white

●●

la caméra	ciné/video camera

●●●

développer	to develop
le développement	development
le format	size
une épreuve	print
la diapo(sitive)	slide
le négatif	negative
le rouleau	roll

●   ●●   ●●●

Je voudrais une pellicule couleur, s'il vous plaît.
- Vous voulez quel format, monsieur?
- 24 × 36. (35 mil.)

Pourriez-vous développer cette pellicule /ce rouleau, s'il vous plaît?
- Oui. Quel format d'épreuve voulez-vous?
- Format carte postale, s'il vous plaît.
- Bon. Ça sera prêt dans deux jours.

9 Les produits ménagers
household goods

La droguerie   *household goods/hardware shop* _____
La quincaillerie   *ironmonger's/hardware shop*

Chez le droguiste   at the hardware shop

●

la pile	battery (small)

●●

le bricolage	do-it-yourself
le papier peint	wallpaper
la peinture	paint

●●●

le balai	brush; broom
le seau	bucket
la serpillière	mop
le désinfectant	disinfectant

les outils (m.)	tools
le marteau	hammer
le tourne-vis	screwdriver
la clé; la clef	spanner; key
les pinces (f.)	(pair of) pliers
la scie	saw
le clou	nail
la vis	screw
les outils de	garden tools
jardin	*(2.8)*

10 Pour tous vos achats/besoins
for all your purchases/needs

(a) Le grand magasin   *department store* _____

●

au premier étage	on the first floor
au deuxième étage	on the 2nd floor
au rez-de-chaussée	on the ground floor
au sous-sol	in the basement
un ascenseur	lift

●●

un escalier roulant	escalator
les rayons (m.)	departments

alimentation	food
les surgelés	frozen food(s)
boissons	drinks
(alcoolisées)	(alcoholic)
crémerie	dairy produce
confection hommes	men's wear
confection dames	ladies' wear
lingerie	underwear
chaussures	shoes

jouets	toys	rayon d'enfants	children's wear
disques	records	bébé	baby
bricolage	do-it-yourself	beauté	beauty care
loisirs	leisure		
jardin	garden		
meubles; mobilier	furniture		

sortie de secours	emergency exit

(b) Le supermarché *supermarket*
L'hypermarché *hypermarket*

•

la station-service	service station
	(8A.3)

•• •••

le chariot;	trolley
le caddie	

sortie sans achats	exist without purchases
caisse rapide	fast check-out

• •• •••

Quelle différence y a-t-il entre un supermarché et un hypermarché?

- En général, la plupart des hypermarchés sont (ont été) construits récemment. Ils sont très grands, et ils ont beaucoup de rayons, un parking et une station-service à l'extérieur. Donc ils se trouvent à quelque distance du centre-ville où il y avait de l'espace pour les bâtir.

Les supermarchés existent dans toutes les villes et sont moins grands que les hypermarchés. Les plus vieux sont d'anciens magasins aménagés/convertis.

Mais les deux suivent les mêmes principes. Le libre-service, un labyrinthe de rayons où les clients remplissent leurs chariots, et une sorte de 'péage' avec une ligne de caisses.

11 Réparations et autres services ▬▬▬▬▬▬▬▬▬
repairs and other services

(a) Nettoyer et laver les vêtements *cleaning and washing clothes*

•

sale	clean
propre	dirty
nettoyer	to clean
faire nettoyer	to have cleaned
la veste;	jacket
le veston	
la jupe	skirt
sec -èche	dry
mouillé	wet
être pressé	to be in a hurry
la pièce	coin

••

le nettoyage à sec	dry cleaning
la machine à laver	washing machine
prêt	ready
un(e) responsable	person in charge

•••

une essoreuse	spin dryer
le séchoir (à linge)	dryer
sécher	to dry
une somme modique	a modest amount
ajouter	to add

• •• •••

Au pressing at the dry cleaner's

Combien ça coûte pour faire nettoyer cette jupe/ce veston?
- (C'est) 15 francs.
- Ce sera prêt quand?
- Demain, après 2 heures.

À la laverie automatique at the launderette

Pourriez-vous m'expliquer/me montrer comment utiliser cette machine à laver?/Comment marche la machine à laver?
- Oui. Vous mettez les vêtements à l'intérieur, vous mettez/ajoutez de la lessive ici. Puis vous mettez deux pièces de 5 francs, et ça sera prêt dans une demi-heure/vous attendez une demi-heure.

Et pour les sécher?
- Ça vaut la peine de les mettre dans l'essoreuse parce qu'ils sortent assez mouillés de la machine (à laver).

Et pour finir, mettez-les dans le séchoir jusqu'à ce qu'ils soient absolument secs.

Mais si vous êtes pressé, il y a un service spécial. La responsable va le faire pour vous pour pas cher/pour une somme modique.

À la blanchisserie   at the laundry

Bonjour monsieur. Qu'y a-t-il pour votre service?/
Qu'avez-vous à laver?
- Trois chemises, trois paires de chaussettes et trois slips.
- Alors une chemise c'est 8 francs, une paire de chaussettes c'est 5 francs, et un slip c'est 5 francs. Passez les prendre dans deux jours.

(b) Chez le cordonnier   *at the shoe repairer's* _____

•••	
le talon	heel
la semelle	sole
ressemeler	to (re)sole

•••

Est-ce que vous pouvez réparer ces chaussures?
- Oui. Vous voulez qu'on les ressemèle/qu'on refasse les talons?
- Les deux, s'il vous plaît.
- Voilà votre ticket. Passez les prendre/revenez dans une heure.

(c) À la bijouterie   *at the jeweller's* _____
(See 5b, above)

•	
marcher	to work
	(*Also:* to walk)
neuf -euve	new

••	
la pile	battery
fonctionner	to work

• ••

Ma montre ne marche/fonctionne pas.
- Vous l'avez depuis combien de temps?
- Environ trois ans.
- Alors c'est probablement la pile. Je vais en mettre une neuve.

(d) Au magasin de vêtements   *at the clothes shop* _____

•••	
la retouche	alteration
rallonger	to lengthen
raccourcir	to shorten
la mesure	measurement

•••

Vous faites les retouches?
- Oui. Qu'y a-t-il pour votre service?
- Pourriez-vous rallonger/raccourcir cette jupe/ce veston/ces manches?
- Oui. Mettez/passez le vêtement. On va prendre des mesures.

(e) Chez le/la coiffeur -euse   *at the hairdresser's* _____

•••			
Je voudrais . . .	I'd like . . .	**Pouvez-vous les couper. . .**	could you cut it . . .
un shampooing et	a shampoo and	courts	short
une mise en plis	set	en dégradé	layered
une permanente	a perm	à la brosse	as a 'crewcut'
un/ce style frisé	a/this curly style		
des mèches	(blond) highlights/		
(blondes)	streaks		
un brushing	a blow wave		
une coupe-brushing	a cut and blow dry		

(f) Réparations à la maison *repairs at home*

•
le bouton	button

• •
raccommoder	to mend; to repair

• • •
un accroc; la déchirure	tear; rent
rapiécer	to patch
repriser	to darn; to mend
coudre	to sew
recoudre	to sew on; to stitch up
une aiguille	needle
le fil	cotton
la fermeture éclair	zip (fastener)
la boîte à outils	toolbox
la main-d'œuvre	labour
les pièces (f.) de rechange	(spare) parts
la T.V.A.	V.A.T. *(21)*

• •   **• • •**

Maman, j'ai un trou dans mon pantalon. Pourrais-tu me le raccommoder/réparer?
- Montre-moi. C'est un grand accroc/une grande déchirure. Ça sera difficile. Il vaudrait mieux le/la rapiécer.

Maman, peux-tu me repriser ces chaussettes?
- Oui, va me chercher une aiguille et du fil.

J'ai perdu deux boutons, en as-tu d'autres? Si oui, peux-tu les recoudre?
- Oui, oui. Donne-moi ta veste.

Je veux réparer mon vélo/ce jouet. Tu peux me prêter/ puis-je emprunter ton tourne-vis?
- Bien sûr. C'est dans ma boîte à outils.

Allô. Plomberie-Chauffage Dupont. *(telephone 11.B)*
- Ma machine à laver ne marche pas.
- Bon. Je passerai chez vous demain matin.
- Ça coûtera cher?
- Ça dépend. Il y a la main-d'œuvre, le coût des pièces de rechange, sans oublier la T.V.A.
- Oh là là!

12 Les problèmes
problems

•
content de	pleased with
satisfait de	satisfied with

• •
rendre	to return
remplacer	to replace
échanger	to exchange
rembourser	to refund
faire réparer	to have repaired
valable	valid
déchirer	to tear
la déchirure	tear; rent
taché	stained
vérifier	to check
neuf -euve	brand new
un(e) directeur -trice; un(e) gérant(e)	manager
la réclamation	complaint
se plaindre	to complain
le service des réclamations; le service clientèle	customer services

• • •
taché (tacher)	stained

Je ne suis pas du tout content de/satisfait de ce radio-cassette. Il ne marche pas bien.
Je veux le rendre/Je veux qu'on me le reprenne/ remplace.
- Voyons. Aucun problème. La garantie est toujours valable. Je vais vous le remplacer/le faire réparer.
- Je suis désolé. La garantie n'est plus valable. Il faut/faudra payer pour les réparations.

Ce pullover est déchiré/taché/n'est pas à ma taille/ne me va pas bien.
- Vous voulez l'échanger?
- Non, je préfère être remboursé.
- C'est pareil. Allez au service réclamations au sous-sol.

Madame, vous ne m'avez pas rendu la monnaie correctement.
- Trop tard, monsieur. Il fallait vérifier votre monnaie avant de quitter la caisse.
- Je veux voir le directeur pour me plaindre/faire une réclamation!
- D'accord. Demandez au premier étage.

A AU GUICHET
AT THE COUNTER

1 Le courrier
mail

●

aux P.T.T.; aux P et T;	at the post office
au bureau de poste	
la carte postale	postcard
la lettre	letter
une enveloppe	envelope
le timbre (à 2F)	(2F) stamp
poster;	to post; to send
envoyer	
la boîte aux lettres	letterbox; postbox
un(e) facteur -trice	postman/woman
le(s) tarif(s)	postal rate(s)
postal -aux	
le tarif normal	'1st class'
le tarif réduit	'2nd class'
pour l'étranger	for abroad
pour l'Angleterre	for England
par avion	by air mail
le colis; le paquet	parcel
remplir	to fill in
fragile	fragile
Fais vite!	Be quick!
devant	in front of *(6.7)*
en face de	opposite

●●

mettre à la poste	to post
manquer la levée	to miss the collection/post
recommandé	registered
peser	to weigh
le poids	weight
venir de	to have just
indiquer	to indicate; to show

●

Claire, veux-tu poster ces cartes postales, s'il te plaît?
- Oui. Où est la boîte aux lettres la plus proche?
- Il y en a une devant le tabac, mais fais vite.

Est-ce qu'il y a un bureau de poste près d'ici?
- Oui, mais c'est fermé entre midi et deux heures. Vous pouvez acheter des timbres au café tabac d'en face.

C'est/Ça coûte combien pour envoyer une lettre en Angleterre?
- (Ça coûte) 2.20F.
- Alors, donnez-moi huit timbres à 2.20F.

●●

Et une lettre prend combien de temps pour arriver en Angleterre?
- Normalement il faut quatre ou cinq jours, mais vous venez de manquer la levée du soir.

●●   ●●●

Quels sont les tarifs postaux pour l'étranger?
- Ça dépend du poids du colis et de si vous voulez l'envoyer par avion ou par 'voie de terre'. Donnez-moi le paquet. Je vais le peser. Ça fait 12 francs par avion.
- Ça va. Et pour l'envoyer en recommandé?
- Il y a un supplément de 7 francs. Ah, remplissez cette étiquette verte/cette déclaration de douane (en) indiquant la valeur et le contenu. Collez-la sur le colis.
- D'accord. Voilà, c'est fait.

par voie de terre	by surface mail
par voie de mer/ maritime	by sea (mail)
une étiquette	label
la déclaration de douane *(8.E)*	customs declaration label
coller	to stick
la valeur	value
le contenu	contents
le distributeur (automatique des timbres)	stamp machine
un(e) destinataire	addressee

•••

Je veux envoyer un chèque au Catalogue 'Maison Blanche'. As-tu un timbre?
- Pas besoin. Le port est gratuit/c'est dispensé d'affranchissement.

~~~~~~~~~~~~~~~~~~~~~~~~~~~~

un(e) expéditeur -trice	sender
dispensé d'affran- chissement	no stamp needed
le port est gratuit	freepost
franco (de port)	postfree (for parcels)

2 La poste restante
the poste restante

•

se renseigner	to make enquiries
utiliser	to use

••

s'adresser à	to enquire at

John Higgins,
Le bureau principal
des PTT,
27, rue Victor Hugo,
47000 Agen,
FRANCE.

•

Mon nom est John Higgins. Avez-vous une lettre adressée à mon nom?/Y a-t-il des lettres/du courrier pour moi?
- Je vais voir. Oui, il y a une lettre/ il y en a une.

••

Où est le guichet de la poste restante?
- Adressez-vous au guichet numéro 7.
- Monsieur, pourriez-vous me donner/m'indiquer l'adresse exacte de ce bureau de poste? Je veux utiliser le service de poste restante, mais d'abord il faut que je téléphone à mes parents pour leur donner l'adresse, pour qu'ils puissent m'écrire.
- Aucun problème. Notre adresse c'est:
  Le bureau principal des PTT,
  27 rue Victor Hugo
  47000 Agen.

3 Les télégrammes
telegrams

•

urgent	urgent

••

contacter	to contact
le formulaire	form
bref -ève	brief
compter	to count
payer au mot	to pay by the word
Ça y est!	That's it!
sois/soyez . . .	be . . . *(imperative of être)*

•••

joindre	to get in touch with; to join
concis	concise

•• •••

Je voudrais contacter ma tante. C'est urgent et elle n'a pas le téléphone.
- Alors, vous pouvez la joindre facilement en lui envoyant un télégramme/envoyez-lui un télégramme. C'est facile. Allez à la Poste/aux P.T.T, remplissez le formulaire et ça y est. Mais soyez bref/concis et comptez le nombre de mots parce que vous payez/payerez au mot.

4 Envoyer de l'argent; toucher les chèques
sending money; cashing cheques

•• •••	
le mandat postal	postal order
le chèque postal	post office cheque (See 5. below)
le Postchèque	traveller's cheque obtainable at Post Office
toucher	to cash; to touch
faire payer	to cash

•• •••

Je veux envoyer de l'argent à ma nièce pour son anniversaire et je n'ai pas de compte chèques. Que me conseillez-vous?
- Allez à la Poste et envoyez-lui un mandat (postal).

Où est-ce que je peux toucher/me faire payer ce chèque postal/ce Postchèque?
- Allez au guichet numéro 6.

5 Un compte à la poste
a Post Office account

••	
n'importe quel(le)	any (18.8)

•••	
retirer	to withdraw
le compte chèques postal	Post Office cheque account
le compte épargne	savings account
la caisse Nationale d'épargne	National Savings Bank
la carte 24/24	cash card (24 hours a day)
le distributeur de billets	cash dispenser
Point Argent	Cash Point
la carte bleue	cashcard/credit card/visa card

•••

Est-il possible d'avoir un compte à la poste?
- Oui, vous pouvez ouvrir un compte facilement. D'abord il faut avoir 18 ans, et vous devez présenter une pièce d'identité.

Et quels services est-ce qu'on offre?
- Beaucoup. Vous pouvez retirer de l'argent de n'importe quel bureau de Poste.
En plus, la Carte Bleue vous donne le droit de retirer de l'argent dans toutes les banques.
Autre avantage les 'Points Argent', où vous pouvez obtenir de l'argent à toute heure du jour.

B LE TÉLÉPHONE
THE TELEPHONE

1 Trouver le numéro de téléphone
finding the phone number

•	
appeler qn.	to call someone
téléphoner à qn.	to telephone s.o.
contacter qn.	to contact someone
le numéro	number
le faux numéro	wrong number
une erreur	mistake; error
le service de renseignements	enquiries
la ligne	line
occupé	engaged
sonner	to ring (out)
vérifier	to check

•

Quel est le numéro de téléphone?
- C'est le 061 853 9285.
- Zéro soixante et un . . . huit cent cinquante-trois . . . quatre-vingt-douze quatre-vingt-cinq.

• ••

Quel est le numéro du service des renseignements?
- En France vous composez le 12.
- En Angleterre vous composez le 192.

(mal) composer	to dial (wrongly/to misdial)
un annuaire téléphonique	telephone directory
le coup de téléphone	phone call

•••

le coup de fil	call; buzz
en dérangement	out of order

••

Je voudrais contacter/téléphoner à/appeler ma femme, mais ça ne sonne pas.
- Vérifiez le numéro dans l'annuaire (téléphonique).
- Demandez au service de renseignements.
- Peut-être que vous avez mal composé le numéro.
- Peut-être que la ligne est en dérangement.

2 Comment téléphoner
how to make a phone call

(a) Dans une cabine téléphonique   in a phone box

•

mettre (mets, pres. tense)	to put
la pièce	coin
le code	code
faire attention	to be careful
demander	to ask for
devoir (dois, pres. tense)	to have to
attendre	to wait
se tromper de numéro	to get the wrong number
un(e) seul(e)	only one
quelquefois	sometimes
ensuite	then; next
souvent	often
se servir de; utiliser	to use

••

décrocher	to pick up the receiver
raccrocher	to hang up
le combiné	receiver
la tonalité	tone
la fente	slot
composer	to dial; to key the number
y compris	including
un(e) opérateur -trice	operator
rappeler	to call back
se rappeler	to remember

•••

l'indicatif (m.) de la ville/ du pays	town/country code
le P.C.V.; un appel en P.C.V.	reverse charges call (21.3)
soit . . . soit	either . . . or

••

Comment me servir du/Comment puis-je utiliser le téléphone?
- Tu décroches le combiné, tu mets une pièce de 10 pence/ d'un franc dans la fente, puis tu vérifies qu'il y a la tonalité.
- Tu composes le numéro, y compris le code/l'indicatif (•••), par exemple:
En Angleterre: *01* pour Londres, *051* pour Liverpool, *010 33* pour la France.
En France: *1* pour Paris, *19 44* (0) *21* pour Birmingham en Angleterre. Mais fais attention. Quand tu téléphones de France en Angleterre, tu ne composes pas/tu ne dois pas composer le zéro du code de la ville.

Si on n'a pas d'argent, qu'est-ce qu'on fait?
- On appelle l'opérateur et on demande un P.C.V./un appel en P.C.V. C'est-à-dire que c'est l'autre personne qui va payer. En plus avec une seule pièce on peut téléphoner à un ami, lui donner le numéro de la cabine téléphonique et attendre qu'il rappelle.

••   •••

Est-ce qu'on peut avoir des problèmes?
- Oui, quelquefois le téléphone ne marche pas/est en dérangement, soit à cause du vandalisme, soit parce qu'il est plein de pièces.
Ensuite il est possible de se tromper de numéro ou de mal le composer.
Et souvent le numéro que l'on cherche à obtenir est occupé.

(b) À la Poste/Aux P.T.T.   *at the Post Office*

•	
un(e) employé(e)	clerk; employee
la fiche	card; small form
la minute	minute
la seconde	second
••	
la durée	duration
sera indiqué	will be shown
•••	
la communication	call

• •• •••

Comment puis-je téléphoner de la Poste?

- Allez au guichet de téléphone et donnez à l'employé(e) le numéro que vous désirez (obtenir). Il/Elle compose le numéro et ensuite vous dit d'aller à la cabine.

Après le coup de téléphone, on vous donnera une fiche, où sera indiquée la durée de la communication en minutes et en secondes. Vous payerez et voilà!

(c) Dans un café/bar   *in a café/bar*

•	
un appareil	phone (receiver)
••	
au fond de	at the end of
le couloir	corridor
la télécarte	phonecard

••

Je voudrais donner un coup de fil. Y a-t-il un téléphone ici?

- Oui, il y a un téléphone à cartes au fond du couloir. Vous pouvez acheter une carte au bar.

(d) À l'hôtel   *at the hotel*

••	
seront compté(e)s	will be counted/recorded
•••	
seront ajouté(e)s	will be added

• •• •••

Puis-je téléphoner de ma chambre?

Oui. Vos coups de téléphone seront comptés à la réception. Ils seront ajoutés à votre note/Vous payerez en quittant l'hôtel.

3 Conversations téléphoniques
telephone conversations

(See also car breakdown, 8A.4; home repairs, 10.11f; theatre ticket, 13.C.3; discussing a date, 14.2)

•	
Allô	Hello (on the phone)
Qui est à l'appareil?; C'est de la part de qui?	Who's speaking?
Je te le passe	I'll put him on
Je vous la passe	I'll put her on
Ne quitte(z) pas	Hold on
attendre	to wait; to hang on
parler	to speak
être de retour	to be back
revenir	to come back
sûr	sure
plus tard	later
trouver	to find
essayer	to try
passer chercher	to come and pick up
occupé	engaged

Avec des amis   with friends

• ••

Jean: **Allô.**
Anne: Allô, oui . . . qui est à l'appareil?
Jean: C'est Jean . . . puis-je parler à Henri?
Anne: Oui, je te le passe . . . ne quitte(z) pas.

Caroline: **Allô, . . . Marie? Ton frère est(-il) là?**
Marie: Non, il est sorti. C'est de la part de qui?
Caroline: C'est Caroline. Quand est-ce qu'il sera de retour/va revenir?
Marie: Je ne suis pas sûre . . . tu peux rappeler plus tard si tu veux, vers onze heures, ou tu peux laisser un message.
Caroline: Oui, je laisse un message pour lui . . . dis-lui que j'ai trouvé sa montre sous le fauteuil.
Marie: D'accord. Je le lui dirai. Au revoir.

••	
laisser un message	to leave a message
C'est lui-même!	Speaking! (m.)
C'est elle-même!	Speaking! (f.)
emprunter	to borrow
reconnaître (reconnu, past part.)	to recognise
la voix	voice
rendre un service	to do a favour
faire erreur/un faux numéro	to make a mistake/to dial the wrong number
parler fort	to speak loudly
entendre	to hear
un(e) correspondant(e)	person sought (Also: penfriend, 1.4)

•••	
le poste	extension (Also: job, 3.B.1)
donner la communication	to put through; to connect
le central	exchange

D'affaires   business (call)

••   •••
- Allô . . . Maçon et fils . . . bonjour, à votre service.
- Allô . . . je voudrais le poste numéro 271, s'il vous plaît.
- Parlez plus fort . . . je ne vous entends pas.
- Le poste 271, s'il vous plaît.
- C'est occupé . . . voulez-vous attendre, ou essayer plus tard?
- Je préfère laisser un message. Pourriez-vous demander à M. Robert de me rappeler au 48 29 31?
- Bien . . . merci. Au revoir.

Avec l'opérateur -trice   with the operator

Je n'arrive pas à avoir le/un numéro . . . pourriez-vous me donner la communication?
- Non, je regrette, il y a des problèmes au central/la ligne est en dérangement.

Je voudrais appeler quelqu'un en P.C.V.
- Donnez-moi le numéro de votre correspondant(e) et votre numéro/le numéro de la cabine où vous vous trouvez.

Un faux numéro   a wrong number

- Allô . . . c'est Jean . . . Valérie est-elle là?
- Valérie? . . . Vous vous êtes trompé de numéro/Vous avez fait erreur/un faux numéro.

4   En cas d'urgence
in case of emergency
(15.7)

•	
les (sapeurs-) pompiers (m.)	fire brigade; firemen
un incendie	fire
police-secours	police (emergency)
une ambulance	ambulance

•••	
le bateau de sauvetage	lifeboat
les garde-côtes (m.)	coastguards
le sauvetage en mer	sea rescue
le sauvetage en montagne	mountain rescue

•
Quel est le numéro des pompiers/de police-secours?
- C'est le 18/le 17.

••   •••
En cas d'incendie en Angleterre, quel numéro est-ce qu'on compose?
- Il faut composer le 999 (neuf cent quatre-vingt-dix-neuf) pour tous les services de secours. Les (sapeurs-)pompiers, l'ambulance, la police, le bateau de sauvetage, les garde-côtes, et le sauvetage en montagne.

5   Attention à la note!
watch the phone bill!

•	
depuis	for *(17.1)*
seulement	only
penser à	to bear in mind *(13.C.4)*

•••	
la facture	bill

•   ••   •••
Anne-Marie, tu parles trop! Pense à la note/la facture de téléphone!
- Je parle depuis une minute seulement, maman!
- Oui, mais tu pourrais téléphoner après huit heures (du soir), c'est demi-tarif.

1 Gagner, dépenser et économiser
earning, spending and saving

●

l'argent (m.) (de poche)	(pocket) money
la livre	pound (£) (lb.: 10.2f)
acheter	to buy
mettre à la/en banque	to put in the bank
faire des économies (f.)	to save up
gagner sa vie	to earn one's living
les métiers (m.)	occupations (3.B)
un(e) employé(e)	employee
le salaire	salary
payer	to pay
le chèque	cheque
environ	about
par mois/jour	per month/day
chaque semaine	every week
un travail à mi-temps	part time job
permettre de	to allow; to permit to

●●

le chauffeur de car	coach driver
la journée	day (1/.1h)
les heures (f.) supplémentaires	overtime
une augmentation de salaire	pay rise
recevoir	to receive
le syndicat	union
peu de chances	little chance
le budget	budget
s'occuper de	to look after
les dépenses (f.) du ménage	household expenses
interdire	to forbid
être à court d'argent	to be short of money

●

Tes parents te donnent de l'argent de poche?
- *Oui*, ils me donnent trois livres tous les samedis/chaque semaine.
- *Non*, je travaille au marché le weekend.
On me paie/je suis payé huit livres par jour.

Alors tu es riche! Que fais-tu avec cet argent?
- J'achète des disques/des vêtements/des magazines.
- Je vais au cinéma/à la piscine/aux matchs de football.
- Je fais des économies pour les grandes vacances, alors je mets deux ou trois livres à la banque par mois/par semaine.
- Je dépense tout. *(10 & 13)*

Qu'est-ce que tu veux faire dans la vie? *(3.B)*
- Je veux travailler aux P.T.T./dans les postes. Les employés sont assez bien payés. Le salaire est d'environ £100 par semaine. *(11)*

●●

Ton frère est-il content de son salaire?
- Non, il est chauffeur de car et il a une journée très longue. Il doit faire/Il faut qu'il fasse beaucoup d'heures supplémentaires, et sans un bon syndicat il a peu de chances d'obtenir/il y a peu de chances pour qu'il obtienne une augmentation de salaire.

●● ●●●

Qui s'occupe du budget familial chez toi?
- Ma mère. Elle gère les dépenses du ménage, nous interdit de trop dépenser et nous encourage à économiser. Elle est sévère, mais au moins ça nous permet d'aller en vacances tous les ans!

gérer	to manage; to administer
encourager à	to encourage to
mensuel(le)	monthly
les gages (m.)	wages
le jour de paye/ paie	pay day
à moins que . . . (+ ne + *subj.*)	unless
compter	to count
l'allocation (f.) chômage	unemployment benefit
les allocations familiales	family allowances
le virement	payment (bank transfer)
faire du travail/ travailler au noir	to moonlight; to do undeclared work
le coût de la vie	cost of living
le niveau de vie	standard of living

•••

Ton père reçoit-il un salaire mensuel?
- Il n'y a ni gages ni jour de paye chez nous; à moins que vous ne comptiez le chèque/le virement de chômage. Mon père est au chômage et nous ne recevons que l'allocation chômage et les allocations familiales. Ma mère cherche un travail à mi-temps, et quelquefois mon père travaille au noir.

Alors, vous trouvez le coût de la vie très élévé?
- C'est ça. Nous avons les moyens de ne rien faire, sauf subsister. On a juste de quoi subsister.

~~~~~~~~~~~~~~~~~~~~~~~~~~~~~~~~~~

élevé	high; raised
avoir les moyens de	to afford to
subsister	to exist

2 Les prix
prices

(a) *Demander le prix*   asking the price

•

Combien?	How much?
devoir (dois, *pres. tense*)	to owe; to have to
coûter	to cost
le coût	cost
le prix	price
le tarif	rate; cost; fare; price
le paquet	packet; parcel

••

la location	hire
marqué	written; indicated
le dépliant	leaflet
valoir (vaut, *pres. tense*)	to be worth; to cost

•••

étiqueté	labelled
une étiquette	label; (price-)tag

ENTRÉE GRATUITE	Entry free (e.g. museum)
ENTRÉE LIBRE	Come in and look round without obligation

•

Pointing: **Combien est-ce? C'est combien? Ça c'est combien? Combien ça coûte?**
    - C'est onze francs.

Several items: **Combien je vous dois?**
        - Ça fait 105 francs en tout.

Specifying object or service purchased:

C'est combien/Combien coûte un kilo de pommes de terre?
- C'est 4 francs le kilo. *(10.2f)*

Cette chemise coûte combien?/Combien coûte-t-elle?
- Les prix sont marqués sur les paquets/sur chaque article.
- Les articles sont étiquetés.

Quel est le prix d'un aller-retour?
- En seconde ou en première? *(8B.1c)*

Quel est le prix d'une chambre pour une nuit?
- C'est 90 francs. *(5.2)*

Quel est le coût de location d'une voiture à la journée/ pour une journée?
- C'est 200 francs.

Quel est le tarif si l'on boit à la terrasse?
- C'est marqué sur le tableau. *(9.3a)*

Quels sont les tarifs postaux pour l'étranger?
Voici/Tenez/Prenez un dépliant (pour vous informer). *(11.A)*

L'armoire vaut combien? *(2.3d)*
- Je vais voir. Ça vaut 1050 francs.

(b) *C'est trop cher* *it's too expensive*

●

cher -ère	expensive; dear
plus cher -ère	more expensive
moins cher -ère;	cheaper
meilleur marché*	
bon marché*; pas	cheap; good
cher -ère	value
trop	too
moins	less
quelque chose (de)	something

●●

partager	to share
serait	conditional of être

*invariable

●

Oh, c'est trop cher. Vous n'avez rien de moins cher/meilleur marché?/Je préfère quelque chose de moins cher.

Ça coûte cher de prendre le train. Ça coûte moins cher d'aller en car.

●●

Ça serait encore plus cher de prendre le train.
Ça m'a coûté cher de faire réparer ma voiture.
Ça serait bon marché de partager un gîte avec Tonton (l'oncle) John. *(5.5)*
Ça va te coûter cher/Cela te coûtera cher.
(You'll pay for that/You'll live to regret that.)

(c) *À prix réduit/au rabais* *at reduced price*

●

une occasion	opportunity; chance; bargain
gratuit	free
compris	included

●●

pour cent	per cent
les taxes (f.)	taxes

●●●

la taxe à (la) valeur	Value added tax
ajoutée (T.V.A.)	(V.A.T.) *(21.3)*
véritable	genuine; real
le traitement de textes	word processor
la disquette	disc

● ●●	●●●
Sales	Les *soldes* commencent le 3 janvier
Discount/Reduction	Il y a une *réduction* de 10% sur toutes les chaînes hi-fi *(2.3a)*.
Special offer	*Prix exceptionnel* *Les traitements de textes sont en promotion à 5.000 francs, toutes taxes comprises.*
Bargain offer	*Une véritable occasion*
Free offer	En plus, vous aurez 5 disquettes *gratuites*, et une heure d'instruction *gratuite*.

3 À la caisse
at the cash desk

●
le billet (de banque)	(bank) note
le billet de 20 F.	20 franc note
la pièce de 5	5 franc/50 centime
francs/50 centimes	coin
de la monnaie	(some) change
se tromper (de)	to make a mistake
payer par chèque (m.)	to pay by cheque

●●
un eurochèque	eurocheque
la carte de crédit/	credit card
Visa/bleue	
la carte bancaire	cheque card (British
	cheques)
le carnet de chèques	cheque book

●●●
le chéquier	cheque book
le versement	payment; instalment
la mensualité	monthly payment
en espèces (f.);	in cash
en liquide (m.)	
les modes (m.) de	methods of payment
paiement	
acheter à crédit	to buy on H.P.
un emprunt	loan
le prêt sans intérêt	interest-free loan

●
C'est 17F 80, s'il vous plaît.
- Je n'ai qu'un billet de 50 francs.
- Ça ne fait rien. Voilà votre monnaie.
- Vous vous êtes trompé/Vous avez fait erreur.
- Non, regardez. Je vous ai donné un billet de 20 francs, une pièce de 10 francs, une pièce de 2 francs et une pièce de 20 centimes.
- Je suis désolé. Je vous dois/il vous faut deux francs.

● ●●
Est-ce que je peux payer par chèque?
- Bien sûr. Vous avez votre carte d'identité? (chèque français)/Vous avez une carte bancaire? (chèque anglais)
- Oui, la voici.
- Bon.

Acceptez-vous les cartes de crédit?
- Oui. Qu'est-ce que vous avez comme carte/Quelle carte avez-vous?
- Une carte bleue/Visa/Access.
- Oui, ça va. Signez là, s'il vous plaît. Voici votre reçu. *(6 below)*

●●●
- *Non*, vous devez payer/il faut que vous payiez en espèces.

Hum . . . 49.000 F, c'est beaucoup. Puis-je payer/ l'acheter à crédit?
- Oui, vous pouvez payer un premier versement de 400 francs, et puis neuf mensualités de 500 francs. En fait, c'est un prêt sans intérêt que nous offrons en promotion. *(2c above)*

4 Changer de l'argent
changing money

●
le bureau de change	bureau de change
la banque	bank
le guichet	counter
la caisse	cashdesk
le chèque de voyage	traveller's cheque
le passeport	passport
la livre (sterling)	pound (sterling)
changer	to change
signer	to sign
donner	to give
savoir (sais, *pres.*	to know
tense)	

●
Au guichet . . . at the counter
Je voudrais changer ces chèques de voyage.
- Oui. 20 livres. Donnez-moi votre passeport. Quelle est votre adresse?
- Hôtel du Palais, rue de Paris.
- Ça fait 205F 80. Signez là, et passez à la caisse.

À la caisse . . . at the cashdesk
Vous voulez des billets de 50 francs?
- Non, donnez-moi des billets de 20 francs, s'il vous plaît.

••

le cours/le taux de change	exchange rate
valoir (vaut, *pres. tense*)	to be worth
le pourcentage	percentage
ne . . . que	only *(18.9)*

•••

la commission	commission
les frais (m.)	fee; expenses
la devise	(foreign) currency

••

Au guichet

Quel est le cour de change/le taux de change aujourd'hui?/La livre sterling vaut combien/est à combien?
- La livre est à 10,50.
- Alors, je voudrais changer 50 livres en billets de banque.

•••

Plus tard, à la caisse

Vous ne m'avez donné que 514F 25.
- Oui, je sais. C'est correct. Il y a un pourcentage/une commission/des frais de 2% pour le service.

5 Questions et problèmes

questions and problems

•

perdre (perdu, *past part.*)	to lose

••

laisser	to leave
rembourser	to pay back

•••

la succursale	branch
signaler	to report
la perte	loss *(16)*
le distributeur automatique de billets	cash dispenser *(11.A.5)*
la carte de retrait	cash withdrawal card
en sus; en plus de	over and above
le taux d'intérêt	rate of interest

••

J'ai perdu mes chèques de voyage. Que dois-je faire?
- Vous avez une copie des numéros, madame? Bon. Laissez-les-nous et vous serez remboursée demain.

•••

J'ai perdu ma carte Access.
- Eh bien, allez tout de suite à la succursale de la Natwest, rue Chateaubriand, et signalez aussi la perte à la police.

Je n'ai plus d'argent et les banques sont fermées.
- Vous avez une carte de retrait? Alors vous pouvez retirer de l'argent au distributeur.

Est-ce que je peux obtenir de l'argent avec ma carte visa?
- Oui, mais il y a une commission de 1,5% en plus du taux d'intérêt normal.

6 Ouvrir un compte

opening an account *(See also 11.A.5)*

••

toucher	to draw on (money)
la somme	sum; amount

•••

le compte chèques	cheque account
le compte épargne	savings account
verser	to pay in (*Also:* to pour)
retirer	to withdraw
virer	to transfer; to clear
le reçu; le récépissé	receipt

•••

Je voudrais ouvrir un compte dans votre banque.
- Parfait. Quelle sorte de compte voulez-vous? Un compte chèques ou un compte épargne?
- Un compte chèques, s'il vous plaît. Si je verse ce chèque aujourd'hui puis-je le toucher tout de suite?
- Non, il faut trois jours pour virer un chèque. Voilà votre récépissé/reçu. Si vous revenez mercredi, vous aurez (aussi) votre nouveau chéquier, et vous pourrez retirer la somme que vous voudrez.
- D'accord. À mercredi.

A À LA MAISON
AT HOME

1 La télévision et la radio
television and radio

●

regarder	to watch; to look AT
écouter	to listen TO
avoir le temps de	to have the time to
perdre son temps	to waste one's time
s'amuser à *(+ infin.)*	to enjoy oneself
préférer	to prefer *(1.4c)*
le programme	programme
le film	film *(See C.1 below)*
la météo	weather forecast *(7.3)*
les informations (f.)	news

●●

une émission	programme
favori(te)	favourite
la chaîne	(T.V.) channel
la station de radio	radio station
s'intéresser à	to be interested in
plaire	to please *(1.4c)*
le magnétoscope	video recorder
suivre (suis, *pres.*	to follow
tense)	
les actualités (f.)	news
les faits divers	news-in-brief
le documentaire	documentary
le feuilleton	serial (e.g. Dallas)
la comédie	comedy
les jeux télévisés	T.V. games
le dessin animé	cartoon

●●●

enregistrer	to record
capter	to pick up
le décodeur	decoder (to receive Canal Plus)

●

Qu'est-ce que tu fais pendant ton temps libre?
- (Pendant) la semaine, si j'ai le temps, je regarde la télévision, ou bien j'écoute la radio.

●   ●●

Quels sont tes programmes favoris/préférés?
Quelles sont tes émissions favorites/préférées?
- Alors *à la télé*, j'aime les documentaires, les feuilletons comme Dynasty et les jeux télévisés.
À la radio, j'aime les émissions de musique populaire, les programmes sportifs, et surtout le matin, les actualités/les informations et la Météo.

●●   ●●●

Les feuilletons te plaisent?
- *Pas tellement*. Je préfère un bon film. Je m'étonne qu'il y ait tant de téléspectateurs qui s'intéressent à des émissions/séries telles que Châteauvallon ou Dallas. Pendant que le reste de la famille regarde les feuilletons, j'enregistre les émissions intéressantes.
- *Non*, je préfère les émissions en direct comme/telles que les concerts de rock, et le sport. Surtout les matchs de coupe, les courses et les Jeux Olympiques. *(See D. below)*
- J'aime les films français/allemands/espagnols qu'on passe sur Channel 4 et sur BBC 2.
- J'aime les cours de langues. En ce moment je suis (suivre) un cours d'italien à la télé.

un auditeur	listener	
le téléspectateur	viewer	
(diffusé/transmis)	live	
en direct		
tel(le)(s) que	such as	
la série	police/	
policière/	documentary	
documentaire	series	
le flash (spécial/	newsflash	
d'informations)		

Peux-tu recevoir toutes les chaînes chez toi?

- *Non*, nous vivons dans le Derbyshire/au nord-ouest du Pays de Galles, en/à la montagne loin d'un émetteur, et nous ne pouvons pas recevoir/capter Channel 4.

- *Non*, et je regrette que nous n'ayons pas de décodeur parce qu'il y a de très bons films sur Canal Plus.

●●●

Un décodeur, qu'est-ce que c'est?

- C'est un appareil qui vous permet de recevoir Canal Plus.

Les chaînes de télé . . . T.V. Channels

exemples d'émissions

TF1 Télévision française première chaîne — général
A(ntenne) 2 — général
FR3 France Régions 3 — général
Canal Plus (or **+)** — les films récents
La cinq — les feuilletons américains
M(étropole) 6 — pop vidéos, etc.

Les stations de radio . . . radio stations
France-Inter
France-Culture
France-Musique
Europe-Un (Numéro Un)

R.T.L. Radio-Télé-Luxembourg
R.M.C. Radio Monte Carlo

Radios Locales
Radio F.M.
N.R.J. (= Énergie)

2 La lecture
reading

●

lire (lis, *pres. tense***)**	to read
le livre	book
la bibliothèque	library
choisir	to choose

●●

prêter	to lend
emprunter	to borrow
le roman	detective/love
policier/d'amour	story/novel

(See films, C.1 below)

La presse   the press/newspapers

●

le(s) journal -aux	newspaper(s)
le magazine;	magazine
la revue	
un article (sur)	article (on)
la page	page
la photo(graphie)	photo(graph)
raconter	to tell; to narrate

●

Je vois que tu regardes beaucoup la télévision. Est-ce que tu lis quelquefois?

- Oui, j'aime bien lire. Je vais à la bibliothèque tous les quinze jours.

●●

Quelle sorte/quel genre de livres préfères-tu?

- Je préfère les romans policiers, mais je lis aussi des livres techniques sur les ordinateurs et les transports. L'histoire locale m'intéresse également.

●●   ●●●

Quels journaux achètes-tu chez toi?

- Le livreur de journaux nous apporte le Daily Telegraph et le Daily Mirror.

Et pourquoi aimes-tu ces journaux?

- J'aime les articles politiques/sur la politique, le courrier des lecteurs et les bandes dessinées. Quelquefois j'essaie de faire les mots croisés.

••

la bande dessinée; la B.D.	comic
les (gros) titres	headlines
quotidien(ne)	daily
hebdomadaire	weekly
mensuel(le)	monthly
s'informer de	to find out about
au sujet de	about; concerning
à propos de	about
le résultat	result
apporter	to bring
un ordinateur	computer
également	also; equally

•••

un(e) livreur -euse	delivery boy/girl
un abonnement	subscription
s'abonner à	to take out a subscription for
la légende	caption; key (map)
le tabloïd	tabloid

Les rubriques   columns, pages

•   **••**   **•••**

les petites annonces	small ads
carrières (f.)	careers
emplois (m.)	jobs
immobilier (m.)	property
la politique	politics
la vie économique	financial page
la vie internationale	foreign news
télévision-radio	television and radio
les sports (m.)	sport
les courses (f.)	(horse-)racing

Prends-tu un journal du soir?

- Oui. Pas tellement pour m'informer sur les actualités, mais pour regarder les petites annonces et pour me renseigner sur les spectacles, sur les programmes de radio et de télé, et pour connaître les résultats sportifs/des sports/ régionaux/nationaux.

Lis-tu souvent des journaux ou des magazines français?

- Oui, je suis abonné à Paris Match, et je lis Le Monde à la bibliothèque centrale quand je peux/quand j'en ai l'occasion.

les spectacles (m.); la vie culturelle	shows; performances; theatre; concerts
la page féminine/ pour les femmes	women's page
le courrier des lecteurs/lettres	(readers') letters
le courrier du cœur	problem page
l'éditorial (m.)	editorial
les mots croisés	crossword
l'horoscope (m.)	horoscope
Bélier	Aries
Taureau	Taurus
Gémeaux	Gemini
Cancer	Cancer
Lion	Leo
Vierge	Virgo
Balance	Libra
Scorpion	Scorpio
Sagittaire	Sagittarius
Capricorne	Capricorn
Verseau	Aquarius
Poissons	Pisces

3   La musique
music

Écouter de la musique   listening to music

•

le disque	record
la cassette	cassette
la musique populaire/ classique	pop/classical music
un électrophone	record player
le radio-cassette	cassette radio
le magnétophone	tape recorder
la chaîne hi-fi	hi-fi system
seul	alone
se reposer	to rest

••

bouger	to move
favori(te)	favourite

•••

le tube	hit record

•

Est-ce que tu aimes la musique?

- Oui, beaucoup. J'écoute des disques/cassettes de musique pop en faisant/pendant que je fais mes devoirs. J'ai un électrophone dans ma chambre, mais je préfère la chaîne-laser de mes parents. *(2.3a)*

••

- Après un match de football, je me repose chez moi, sans bouger, et j'écoute mes disques classiques favoris.

Jouer d'un instrument   playing an instrument

●

le groupe	group; band
un orchestre	band; orchestra
jouer . . .	to play . . .
DU piano	the piano
DE LA guitare	the guitar

Est-ce que tu joues d'un instrument?
- Oui, je joue de la guitare dans un groupe, et je joue de la flûte dans l'orchestre du collège.

～～～～～～～～～～～～～～～～～～

●●

DU violon	the violin
DE LA flûte	the flute

DU trombone	the trombone
DU saxophone	the saxophone
DE LA clarinette	the clarinet
DU synthétiseur	the synthesiser
DU clavier	the electronic keyboard

●●●

DU tambour	the drum
DE LA batterie	the drums
DE LA trompette	the trumpet

4   Les jeux
games

(See club/bar games B.2 below)

●

le jouet	toy
le train électrique	electric train

Qu'est-ce que tu fais chez toi quand il pleut?
- ● - J'invite des amis et on joue aux cartes.
- ●● - Je reçois des amis à la maison.
- ●●● - On joue au scrabble ou à d'autres jeux de société, ou bien encore, avec l'ordinateur. *(3.A.2a)*

●●

recevoir (reçois, *pres. tense*)	to receive; to entertain
déranger	to disturb

Et tes petits frères et sœurs te dérangent?
- Non, ils sont contents de jouer aux legos, avec la maison de poupées ou avec le train électrique. Ils s'amusent bien et nous laissent tranquilles.

●●●

la maison de poupées	doll's house
les jeux (m.) électroniques	computer games
les jeux de société	board games

～～～～～～～～～～～～～～～～～

●●●

AUX dames (f.)	draughts
AUX dominos (m.)	dominoes
AUX fléchettes (f.)	darts
AU scrabble	scrabble
AU monopoly	monopoly
AU jeu de l'oie	snakes and ladders
AUX legos (m.)	with lego

●

jouer . . .	to play . . .
AUX cartes (f.)	cards

●●

AUX échecs (m.)	chess

5   Les passetemps
hobbies

●

le timbre	stamp
un album	album
complet -ète	full
apprendre	to learn; to teach
faire du bricolage	to do D.I.Y.

Est-ce que tu fais des maquettes, ou est-ce que tu collectionnes quelque chose?
- ● - Oui, j'ai un album de timbres qui est presque complet.
- ●● - J'aide mon père/ma mère à bricoler/à faire du bricolage, et il/elle m'apprend beaucoup de choses.
- ●●● - Je fais des maquettes en plastique, par exemple des avions de guerre et des vaisseaux de la marine.

●●

bricoler	to do D.I.Y.
collectionner; faire la collection de	to collect
faire de la peinture	to do painting

tricoter	to knit	un avion de guerre	war plane
faire du tricot	to do knitting	le vaisseau de la	warship
faire/construire	to make/construct	marine	
des maquettes (f.)	models	le violon d'Ingres	hobby; interest

B SORTIR AVEC DES AMIS
GOING OUT WITH FRIENDS

1 Les clubs
clubs

(See out-of-school activities, 3.A.6b)

●

sortir (avec)	to go out (with)
la discothèque	discotheque
la boîte (de nuit)	night club
	(Also: box/tin, 10.2f)
le bal	dance; ball
danser	to dance
bavarder	to chat
la boum;	party
la surprise-partie	
une excursion	excursion; trip
la sortie	outing; exit
les jeunes gens (m.)	young people
la maison des jeunes;	youth club
le club de jeunes;	
la M.J.C. *(21.3)*	
se voir	to see each other

●●

une ambiance	atmosphere
la réunion	meeting
la chorale	chorale society; choir
le club de théâtre	amateur dramatic
amateur	club

●●●

faire partie de	to be a member of
les scouts	scouts

●

Sors-tu souvent avec des amis?
- Oui, (pendant) la semaine je vais à la Maison de Jeunes, et le weekend je vais à la discothèque avec mon petit ami, parce que j'aime bien danser.

●●●

Tu fais partie des scouts/des éclaireuses?
- Non, j'en faisais partie, mais je suis parti(e)/j'ai laissé tomber l'année dernière parce que mes études me donnaient beaucoup de travail.

Qu'est-ce que tu faisais chez/avec les scouts?
- On se réunissait chaque vendredi, on faisait du secourisme, on organisait des camps et on préparait des activités de plein air.

les guides	guides
les louveteaux	cubs
les éclaireurs/les	youth organisation
éclaireuses de France	similar to scouts
le secourisme	first aid

2 Les jeux au Club de Jeunes
games at the youth club

●●●

jouer . . .	to play (at/on) . . .
au babyfoot	table football
aux fléchettes (f.)	darts
au snooker	snooker
au billard	billiards
au billard américain	pool
au flipper	the pin-ball machine
au ping-pong	table tennis
aux jeux vidéos	video games
le jukebox	jukebox
le tournoi	tournament
la machine à sous	fruit machine

●●●

Qu'est-ce qu'il y a à faire au Club de Jeunes?
- On joue au flipper et au babyfoot ou on fait des tournois de ping-pong.
- On danse sur la musique du jukebox.
- On organise des excursions/des sorties en autocar.
- On rencontre de nouveaux amis, et puis on va prendre un pot/un verre quelque part. *(9.3a)*

C   LES SPECTACLES
SHOWS

1   Le cinéma
the cinema

●

aller voir	to go and see
une ouvreuse	usherette
le pourboire	tip
la salle	studio; auditorium

●●

fumer	to smoke
passer	to show (a film)
la version	French/original
française (v.f.)/	version *(21.3)*
originale (v.o.)	
les sous-titres (m.)	subtitles
sous-titré	subtitled
le titre	title

●●●

doubler	to dub *(Also:*
	to overtake, *8A.5)*
la comédie musicale	musical
faire la queue	to queue up
le hall	foyer *(See 8B.5)*
s'attendre à	to expect to
en principe	as a rule
de la même manière	in the same way

●

Tu vas souvent aux spectacles?
- Oui, je vais au cinéma tous les samedis avec ma famille. J'aime surtout les films policiers et d'aventures.

●●   ●●●

Tu es allé(e) au cinéma en France?
- Oui. En principe c'est comme en Angleterre. Il y a de grands cinémas composés de/divisés en plusieurs salles. On fait la queue et on prend/achète les billets au guichet de la même manière, et l'ouvreuse vous conduit à votre place. *Mais il y a de petites différences.*
- Il est interdit de fumer dans la salle (de spectacle).
- Je pense que les ouvreuses s'attendent à recevoir un pourboire.
- Et en général, il n'y a pas de kiosques ou on vend des bonbons dans le hall; les ouvreuses les vendent avec les glaces.
Et bien sûr, la plus grande différence, c'est la langue. On passe beaucoup de films américains. S'ils sont en version originale, ça va mieux. J'écoute l'anglais et je lis les sous-titres. Mais si les films sont doublés en français, je les trouve plus/trop difficiles à comprendre!

(See Décris-moi un film, 4 below)

● **●●**				
un film . . .	a . . . film	**d'amour**	romantic;
policier	police/detective		love story
comique	comedy	**d'espionnage**	spy
d'épouvante	horror	**de guerre**	war
d'aventures	adventure	**un western**	a western
de science-fiction	science fiction	**un film de cow-boys**	cowboy film

2   Le théâtre
the theatre, etc.

●

la pièce (de théâtre)	play
un opéra	opera
le concert . . .	rock/classical
de rock/	music
de musique classique	. . . concert
la vedette	star (m./f.)
un(e) artiste	entertainer; singer;
	actor
un(e) acteur -trice	actor/actress
un(e) chanteur -euse	singer
la chanson	song
un(e) musicien(ne)	musician

●

Aimes-tu les concerts?
- Oui, surtout les concerts de rock, où on peut voir et entendre ses chanteurs et ses chansons préférés.

Et quoi d'autre?
- Deux fois par an je vais à un ballet au théâtre. En décembre je vais au spectacle de Noël avec mes petits frères. C'est assez amusant, mais généralement les artistes ne sont pas très bons.

••
un(e) comédien(ne) theatre actor;
comedy actor

•••
une opérette operetta
le spectacle de Noël pantomime
applaudir to applaud

3 Se renseigner sur les séances
enquiring about shows

Les renseignements enquiries

•
demander to ask
le Syndicat tourist office
d'Initiative (4.3)
trouver to find
le journal newspaper
savoir to know (facts)

••
le dépliant leaflet
la publicité advertisement
une affiche poster
à l'affiche on the poster
s'informer to find out about

Les heures times (17.1)

•
la séance show
la matinée afternoon show
l'après-midi (m./f.)* afternoon
la soirée; le soir evening
à partir de as from
jusqu'à until; up to
sauf except
le début start; beginning
commencer to start
finir to finish

*invariable

L'entrée admission

•
un adulte adult
un enfant child
la personne person
payer to pay FOR
réserver to reserve
la place seat
le fauteuil (theatre) seat
complet -ète full
cher -ère expensive; dear
la réduction reduction
interdit aux not for those
  moins de 13/18 ans under 13/18
  years of age
à l'orchestre (m.) in the stalls
au balcon in the circle

••
le bureau booking office
  de location

• ••
Qu'est-ce qu'il y a à l'affiche à Boulogne ce soir?
Jean, sais-tu ce qu'on passe/ce qu'il y a au cinéma ce
soir?
- Attends, j'ai le journal. Oui, il y a "Jean de Florette" au Rex
et "La couleur de l'argent" au Gaumont.

Les séances sont à quelle heure?
- Il y en a deux à partir de six heures, sauf le dimanche. La
dernière séance finit à minuit.
- Bon, allons à la séance de six heures. Il y aura moins de
monde. Je déteste faire la queue, et nous pouvons/pourrons
casser la croûte après. (9.3b)

Au guichet du cinéma . . . at the cinema booking
office
Deux places à l'orchestre, s'il vous plaît.
- Il n'y a plus de place.
- Alors, deux au balcon.
- Ce film est interdit aux moins de 18 ans. Quel âge avez-
vous?
- Euh . . . 18 ans.
- Alors, ça fait 30 francs chacun.

••
Faire une réservation au bureau de location du théâtre
. . . making a reservation at the theatre box office
Allô . . . Théâtre Nationale. *(See phone conversations,*
11.B.3)
- Je voudrais réserver deux places pour demain soir.
- Pour quelle séance?
- Pour la séance de 20h30.
- Il n'y a que deux places au dernier rang du balcon à 40
francs chacune.
- Ça va. Quand faut-il venir chercher les billets?
- Une heure avant le début de la séance, mais vous êtes prié
de nous informer si vous voulez annuler. Votre nom,
monsieur?
- Dupont.
- Alors, c'est fait.

louer à l'avance to book in advance
retenir; réserver to reserve
annuler to cancel
un entracte interval (theatre)
la sortie de secours emergency exit
à l'arrière de at the back/rear of

•••
la loge (theatre) box
le rang row; rank (3.B.1)

121

4 À mon avis ▰▰▰▰▰▰▰▰
in my opinion

Parler à propos des spectacles . . .
talking about performances

●
agréable	pleasant
amusant	funny (amusing)
drôle	funny; peculiar
très bon(ne)	very good
excellent	excellent
extraordinaire	extraordinary
intéressant	interesting
préférer	to prefer
aimer	to like; to love (1.4c)
détester	to hate
le plaisir	pleasure
chouette	great
formidable	fantastic
super	terrific
sérieux -euse	serious
pas mal	not bad
affreux -euse	awful
ennuyeux -euse	boring
mauvais	bad
mal	bad
moche	lousy; rotten
raconter	to tell; to narrate
s'amuser	to enjoy oneself
le roi	king
envoyer	to send
récemment	recently

●●
passionnant	exciting
impressionnant	impressive
merveilleux -euse	marvellous
surprenant	surprising
rare	rare; exceptional
exceptionnel(le)	exceptional
reposant	relaxing
le succès	success
réalisé par	directed by
tourné en	shot in (a country)
il s'agit de . . .	it's about . . .
se passer	to happen
apprécier	to appreciate
s'intéresser à	to be interested in
tuer	to kill

●●●
fascinant	fascinating
palpitant	thrilling; exciting
délassant	relaxing
déprimant	depressing
assommant	very boring
convertir	to convert (2.7)
désobéir	to disobey
se distraire; se divertir	to enjoy oneself
se rendre compte	to realise
un(e) indigène	native
la cascade	waterfall

●
Décris-moi un film que tu as vu récemment.
- J'ai vu 'La Mission'. C'était un excellent/super film.
- J'ai vu 'Rambo'. C'était affreux/ennuyeux/moche.
- J'ai vu 'Trois hommes et un couffin' (Moses basket).
C'était très drôle/amusant.

●●   ●●●
Raconte-moi ce qui se passe dans 'La Mission'.
- C'est au sujet des missionnaires qui travaillent en Amérique du Sud à convertir et à aider les habitants. Le roi du Portugal, voulant qu'ils reviennent, leur envoie un cardinal pour leur expliquer.
Mais les missionnaires décident de rester, désobéissant aux instructions du roi, qui envoie l'armée pour les faire revenir, à la suite de quoi beaucoup d'indigènes et de missionnaires sont tués.
C'est un film très triste mais palpitant. Il a été tourné en Amérique du Sud. Les images sont très impressionnantes, avec de grandes cascades et des forêts interminables.
Le film a été réalisé par Joffe, et Robert De Niro et Jeremy Irons en sont les vedettes principales. Le film a été un grand succès, et l'un des acteurs a reçu un Oscar.

Ce film n'était-il pas un peu sérieux?
- Si. Sérieux mais palpitant.

Ne préfères-tu pas quelque chose de plus reposant/ délassant?
- Oui. De temps en temps je vais voir quelque chose de plus délassant comme les films de Spielberg, qui sont amusants même s'ils ne sont pas exceptionnels. Aussi j'apprécie les films policiers d'Agatha Christie, qui sont fascinants, surprenants et toujours intéressants.

L'avis (m.), l'opinion (f.)   *opinion*

●
penser que	to think that
penser de	to think; to have an opinion about
penser à	to think; to have one's thoughts on
trouver	to find; to consider
être d'accord avec (toi); être de (ton) opinion/avis	to agree with (you)
à mon/son avis	in my/his opinion
une affaire d'opinion	a matter of opinion

●●
approuver	to agree; to approve
partager (son) opinion	to share (his/her) opinion
chacun ses goûts	every one to his own taste

D LES SPORTS
SPORTS

1 Les jeux d'équipe
team games

●

faire du sport;	to do a sport
pratiquer un sport	*(3.A.6)*
jouer . . .	to play . . .
AU football	football
AU hockey	hockey
AU rugby	rugby
AU cricket	cricket
le joueur	player
une équipe	team
le ballon	ball (large)
la balle	ball (small)
le stade	sports ground
le terrain de sport	sports field
sportif -ive	sporty; sporting
marquer un but/	to score a goal/
un essaie	a try
le résultat	result
gagner	to win *(12)*
perdre	to lose *(16)*

●●

le match nul	draw
un arbitre	referee; umpire
protester	to protester
critiquer	to criticise
se plaindre	to complain
devenir	to become
malgré	in spite of
crier	to shout; to yell
pleurer	to cry; to weep
assister à	to attend; to go to
le spectateur	spectator

●●●

le supporter; le fan	supporter; fan
supporter; soutenir	to support
la coupe	cup
la ligue	league

A game of . . .

un match de	football/cricket/tennis
une partie de	pétanque/cartes/billard/(d')échecs
un jeu de	cartes

●

Tu fais du sport/Tu pratiques un sport?
- *Oui*, je joue pour l'équipe de football/hockey du collège, et je joue au cricket et au tennis pendant l'été.
- *Non*, je ne suis pas très sportif, mais je suis supporter de l'équipe de Spurs. Je vais à leur stade à White Hart Lane tous les quinze jours. (J'assiste à tous les matchs à domicile, mais pas à ceux à l'extérieur ●●●.)

●●   ●●●

Alors, tu es spectateur. Trouves-tu qu'il y a trop de problèmes dans les stades de football?
- Oui, quelquefois les joueurs critiquent l'arbitre et protestent ou se plaignent trop.
Ça ne me surprend pas/Il n'est pas étonnant que les spectateurs crient et deviennent agressifs. Mais malgré tout ça j'aime supporter/soutenir mon équipe, et la violence des spectateurs est assez rare.

Et les Français, sais-tu quels sports ils pratiquent?
- C'est un peu comme en Angleterre; le football, le rugby, la natation, etc.
Mais je sais qu'ils s'intéressent plus au cyclisme; le Tour de France est aussi renommé dans le monde que la T.T. de l'Île de Man (une course de moto internationale).
Et bien sûr la France est célèbre pour la course automobile avec Le Mans et Monte Carlo.

~~~

le match à domicile/	home match/
à l'extérieur	away match

2 Les sports individuels
individual sports

●

jouer . . .	to play . . .
AU tennis	tennis
AU badminton	badminton
AU squash	squash
un(e) champion(ne)	champion
le championnat	championship

●●●

la pelote basque	pelota

●●   ●●●

Tu aimes le tennis?
- Je joue un peu au tennis et j'aime suivre Wimbledon à la télévision, surtout si c'est en direct. C'est un tournoi très important, mais gâché quelquefois par la pluie.

les boules;	bowls (French
la pétanque	style)
la boule	bowl; snooker ball
la queue	(snooker) cue
gâcher	to spoil

3 Les sports d'hiver
winter sports

●
faire du ski — to go skiing

●●●
le ski de piste — downhill skiing
le ski de fond — cross-country skiing
faire du toboggan; — to go tobogganing
  faire de la luge

4 Les sports nautiques
water sports *(See also 4.4c)*

●
nager — to swim
se baigner — to have a swim; to bathe
la piscine — swimming pool

●●
l'équipement (m.); — equipment; gear
  le matériel
faire du ski — to do water-
  nautique — skiing
faire de la — to do wind-surfing
  planche à voile
l'aviron (m.) — rowing

●●●
plonger — to dive
la brasse — breaststroke
la brasse papillon — butterfly stroke
le crawl — crawl
le dos crawlé — backstroke

la longueur — length
faire des sports — to do underwater
  sous-marins — sports
faire de la — to go scuba-diving
  plongée sous-marine

●● ●●●
Si tu avais de l'argent, quel sport ferais-tu?
- J'aimerais bien faire du ski nautique et de la planche à voile. En fait, l'été prochain j'espère faire ces deux sports, parce qu'il est possible de louer l'équipement/le matériel, et je vais demander à un copain de m'apprendre.

Tu t'intéresses à la plongée sous-marine?
- Pas tellement/Pas du tout. Pour moi c'est un sport de spécialiste. Je préfère le plein air, par exemple faire du surf.

5 Les sports aériens
air sports

●●●
faire du delta-plane — to go hang-gliding
faire de l'U.L.M. *(21.3)* — to fly micro-lights
faire de la — to go hot air
  montgolfière — ballooning

●●●
Aimerais-tu faire de la montgolfière?
- Peut-être, mais je préférerais faire du delta-plane/de l'U.L.M. avec mon frère aîné, mais mes parents m'ont interdit d'en faire parce que c'est trop dangereux.

6 Les activités de plein air
outdoor activities

●
se promener — to walk
faire une . . . — to go for a . . .
  promenade/ — walk/
  promenade en — boat trip/
  bateau/ — bike ride
  promenade à vélo
louer (une bicyclette) — to hire (a bicycle)
aller à la pêche — to go fishing

●●●
faire des randonnées — to go hiking
  (f.)
faire de l'escalade (f.) — to go climbing
faire de l'alpinisme — to go mountaineering
  (m.)
faire de l'équitation (f.) — to go horse riding

7 Les courses
racing; horse-racing

●
le cyclisme	cycling
être maillot jaune	to be leader of a cycle race (road)/ the Tour de France

●●●
les sports automobiles	motor sports

la course automobile	motor racing
le rallye	(car) rally
faire un rallye	to go rallying
faire du moto-cross	to race motorbikes cross country
les courses hippiques	horse-races
le tiercé	horse racing bet (on first three to the post)
faire le marathon	to do the marathon

8 L'athlétisme
athletics

●
courir	to run
la course	race
le 200 mètres	200 metres
le titre	title

●●●
une épreuve	field event
le saut en longueur	long jump
le saut en hauteur	high jump
les haies (f.)	hurdles; hedges
remporter une médaille	to win a medal
quant à	as for

9 La culture physique
keep fit

●
faire de l'exercice (m.)	to exercise

●●
perdre du poids	to lose some weight
se mettre en condition	to get into good shape

●●●
conserver	to keep; to maintain
la silhouette	figure
faire du jogging	to go jogging
s'entraîner	to do training
faire de la musculation	to do weight training

●● ●●●
T'intéresses-tu aux courses ou à l'athlétisme?
- Si tu veux dire les courses hippiques, la réponse est non!
Mais je m'intéresse à la course automobile, au Tour de
France et aux marathons.
Quant à/En ce qui concerne l'athlétisme, j'aime la course (à
pied), le 200 mètres, etc., mais les épreuves comme le saut
en longueur m'ennuient.

Comment conserves-tu ta silhouette?

Trois fois par semaine, je fais de la culture physique, du jogging, de la musculation, et tous les dimanches je fais 45 longueurs à la piscine...

1 Rencontrer des gens

meeting people *(See also la famille/les amis, 1.4)*

●

le club de jeunes	youth club *(13.B)*
la société	society
le membre	member
la boum	party
s'amuser	to enjoy oneself
présenter qn.	to introduce s.o.
connaître	to know (people/ places)
Enchanté(e)/ Ravi(e) de faire ta/votre connaissance	Pleased to meet you
gentil(le)	nice; kind
sympa(thique)	likeable
la salle de jeux	games room
se voir	to see each other
(se) rencontrer	to meet (each other)
prendre un pot/verre	to have a drink
une excursion; la sortie	excursion; outing
un(e) nouveau -elle venu(e)	newcomer
de nouveau	again
les activités (f.)	activities
se faire des amis	to make friends

●●

participer	to join in
la réunion	meeting
la cotisation	subscription
faire partie de	to be a member of
devenir membre	to become a member
partager	to share
les frais (m.)	costs; expenses
une ambiance	atmosphere
discuter	to discuss
bien s'entendre	to get on well

●

Salut. Qui es-tu?
- Je suis un copain/une copine de Jean. Je suis nouveau venu/nouvelle venue dans cette ville, et je ne connais pas beaucoup de monde.
- Alors, tu n'as pas beaucoup d'amis? Viens avec nous au club de jeunes. On va bien s'amuser.

●● ●●●
Qu'est-ce qu'on fait là-bas?
- Il y a des activités de toutes sortes. Tu peux participer ou non, c'est comme tu veux. Il y a une salle de jeux et l'ambiance est super/génial!
Il y a des boums, des réunions pour préparer/discuter/ projeter des excursions, et des conférences sur des thèmes/ sujets/matières intéressant(e)s.
On rencontre beaucoup de gens et on se voit/se rencontre (pendant) la semaine pour prendre un pot. *(9.3a)*

Et combien ça coûte pour faire partie du club/devenir membre?
- Presque rien. Il y a une cotisation annuelle de 50 francs, et nous partageons les frais des sorties, etc.
En fait, le secrétaire est là ce soir. Je vais te présenter.
Henri, viens ici, nous avons un nouveau (membre).
- Je te présente Philippe.
- Enchanté/Ravi (de faire ta connaissance).
- Salut! Viens vendredi. Tu verras, il y aura beaucoup de gens sympas. On s'entend tous très bien.

une conférence sur	lecture on
le sujet; le thème	subject; theme; topic
la matière (●)	subject *(3.A.2a)*
Génial!	Great!
projeter	to plan

2 Fixer un rendez-vous
making a date

sortir (avec)	to go out (with)
inviter	to invite
une invitation	invitation
accompagner	to go with
aller voir	to go and see
avoir le temps de	to have the time to
refuser	to refuse
(im)possible	(im)possible
certain(ement)	certain(ly)
le plaisir	pleasure
seul	alone; lonely
timide	shy
le lieu	place
arriver	to arrive
attendre	to wait FOR
devant	in front of *(6.7)*
prêt	ready
Quand . . . ?	When . . . ? *(17.1d)*
demain	tomorrow
ce soir	this evening
en retard	late
de bonne heure	early
D'accord!	O.K.
Entendu!	Agreed!; Right!
retourner	to return
être de retour	to be back
prendre (un) rendez-vous chez le médecin	to make an appointment at the doctor's *(15.2)*
proposer	to propose; to suggest

emmener	to give s.o. a lift; to take s.o.
amener	to bring/take s.o.
passer (te) prendre	to pick (you) up
venir (me) chercher	to come for (me)

Marie, est-ce que tu voudrais sortir avec moi samedi?
- *Non*, je regrette. Je n'aime pas refuser, mais j'ai mes examens la semaine prochaine.
- *Oui* . . . super! Où est-ce qu'on va?
- Au cinéma. Il y a un super film en ce moment. On se retrouve (●●)/se rencontre devant le cinéma à 7h30?
- D'accord. À samedi.

Hélène, je voudrais bien sortir avec Jean. Je le trouve pas mal du tout.
- Alors, demande-(le)-lui! Il vient de laisser tomber/Il ne fréquente plus/Il paraît qu'il ne sort plus avec sa petite amie.
- Non, je ne peux pas. Je n'ose pas.
- Tu es timide. Je vais faire pour toi. Jean, viens voir, Catherine veut te proposer quelque chose. Elle veut sortir avec toi.
- Volontiers/Avec plaisir! On pourrait aller en boîte. Ça te dit?
- Oui . . . n'importe où, Jean.

Allô? Claude? J'ai de mauvaises nouvelles à t'annoncer. Il faut que j'annule notre rendez-vous pour demain.
- Mais Valérie, tu m'avais promis . . .
- Je sais, mais je ne serais pas de retour du travail avant neuf heures, et il faut que je fasse un peu de lessive.
- Mais ça n'empêche rien. Je te prends chez toi/Je passe te prendre.
- Non, je ne veux pas que tu viennes me chercher. Franchement/Si tu veux la vérité, je n'ai pas envie de sortir avec toi.
- Sans blague? Je n'en avais aucune idée. Tant pis pour toi. Je m'en fiche! Salut! *(11.B.3)*

suggérer	to suggest	**ensemble**	together
la proposition	suggestion; proposal	**n'importe où**	anywhere
		probable(ment)	probable (-ly)
supposer	to suppose	**sans doute**	no doubt
trouver pas mal	to quite fancy	**la plaisanterie**	joke
fréquenter	to go around with	**tant pis**	too bad
se fréquenter	to see each other often	**tant mieux**	so much the better
		aucune idée	no idea
se retrouver	to meet (up)	**Ça te dit?**	Do you fancy that?
Il paraît que . . .	It seems that . . .	**laisser tomber**	to drop (s.o./sth.)
des nouvelles (f.)	news; items of news		

●●●

larguer	to finish with
oser	to dare
la conduite	conduct
Sans blague?	Really?; Oh yes?
Je m'en fiche!	I don't care!
annoncer	to announce; to break news
la vérité	truth

annuler	to cancel
contacter	to contact
promettre	to promise
empêcher	to prevent
avoir envie de	to feel inclined to
avoir l'intention (f.) de	to intend to
volontiers	willingly
franchement	frankly

---

3 Les festivités
celebrations

(a) Noël et Pâques   Christmas and Easter

●

Joyeux Noël!	Happy Christmas!
le jour de Noël (m.)	Christmas Day
le père Noël	Father Christmas
la carte de Noël	Christmas card
le(s) cadeau(x) (m.)	present(s) (10.5)
de ma part	from me
de la part de Marie	from Marie
merci; je te remercie	thanks; thank you
Meilleurs vœux pour . . .	Best wishes for . . .
la Nouvelle Année	New Year
Bonne Année!	Happy New Year!
le jour de l'an	New Year's Day
Joyeuses Pâques!	Happy Easter!
le jour de Pâques (m.)	Easter Sunday
un œuf do Pâques	Easter Egg

●●

la veille de Noël	Christmas Eve
le sapin/l'arbre de Noël	Christmas tree
souhaiter	to wish
se passer	to happen
apporter	to bring
offrir	to offer as a present

●

Joyeux Noël! As-tu eu beaucoup de cadeaux?
- Oui, un vélo de mes parents et des vêtements de la part de ma tante.

●●   ●●●

Je te souhaite une Bonne Année.
Tu t'es bien amusé pour le réveillon?
- Oui, mais je suis crevé ce matin!

Qu'est-ce qui se passe en France à Noël? (19.4)
- Comme en Angleterre, le père Noël apporte des cadeaux aux enfants la veille de Noël.
Pour le repas de Noël nous avons de la dinde, des huîtres et de la bûche.
La veille de Noël il y a le réveillon. C'est une réunion de famille où on mange et on s'amuse.
Pour la Saint-Sylvestre on sort en boîte pour fêter la Nouvelle Année/pour faire la fête avec des amis. (13.B.1)

●●●

Et à la fête des Rois?
- Encore une fois on fait la fête. Il y a un gâteau spécial, qui s'appelle une galette, dans laquelle il y a une fève. Celui qui la trouve est 'Le Roi'. Mais attention aux dents!

la Saint-Sylvestre	New Year's Eve
le réveillon	party on New Year's Eve/ Christmas Eve
la fête des Rois; l'Épiphanie (f.)	Twelfth Night; Epiphany
célébrer; fêter; faire la fête	to celebrate
boire/trinquer à la santé de qn.	to drink to someone's health
trinquer à qch.	to toast sth.

crevé	exhausted; worn out
avoir la gueule de bois	to have a hangover
(pâté de) foie gras (m.)	pâté (goose liver)
de la dinde	turkey
la bûche de Noël	Yule log
des marrons glacés	sugared chestnuts
des huîtres (f.)	oysters
des escargots (m.)	snails
la galette (des Rois)	Twelfth Night cake
la fève	charm hidden in cake (*Also:* broad bean, *9.2b*)

(b) Les fêtes   *celebrations*

Les fêtes de famille   family celebrations

•

un anniversaire	birthday
Bon anniversaire!	Happy Birthday!
ma/sa fête	my/one's feast (i.e. saint's) day
Bonne fête!	Happy feast day!
la fête des Mères	Mother's Day
la fête des Pères	Father's Day

••

féliciter	to congratulate
Félicitations!	Congratulations!

•••

le baptême	baptism
les fiançailles (f.)	engagement
les noces (f.)	wedding
un anniversaire de mariage	wedding anniversary
un enterrement	funeral

•

Bon anniversaire. Qu'est-ce qu'on t'a offert? *(1.2)*
- Une montre et des vêtements. *(10.3 & 5)*
- Bon, je te verrai à ta boum ce soir. À ce soir.

Une fête qu'est-ce que c'est?
- Une fête c'est beaucoup de choses, mais surtout c'est une célébration. Dans la famille, il y a, par exemple, la fête des Mères, où maman ne fait rien et se repose toute la journée. Puis il y a sa propre fête. Par exemple, si tu t'appelles Patricia c'est le 17 mars, la Saint-Patrice, et toute la famille te dit 'Bonne fête'.

D'autres fêtes   other feasts/holidays

•••

le jour ferié	bank/public holiday
la fête nationale; le quatorze juillet	Bastille Day
la Toussaint; le premier novembre	All Saints' Day
la fête du Travail; le premier mai	May Day
Armistice; le onze novembre	Armistice Day
le jour de congé	a day off
des jours de fête	a few days off (e.g. at Christmas)

•••

Puis il y a les fêtes qui sont aussi des jours fériés/des jours de congé, par exemple, la Fête Nationale, la Toussaint et l'Armistice.

Qu'est-ce qui se passe . . .
le poisson d'avril? — On se fait des farces.
la Saint-Valentin? — Les amoureux s'envoient des cartes, sans les signer, pour exprimer leur amour!

la fête de village	village fête	le premier avril	April Fool's Day
la fête foraine	fun fair	Poisson d'avril!	April Fool!
Mardi gras	Pancake Day/ Shrove Tuesday (9.A)	la Saint-Valentin	St. Valentine's day
		la farce	practical joke
le mercredi des Cendres	Ash Wednesday	un(e) amoureux -euse	lover
		exprimer l'amour (m.)	to express love
le vendredi saint	Good Friday		
le Carême	Lent		
la Pentecôte	Whit(suntide)		

4 Le savoir-vivre
knowing how to behave

(a) Saluer, accueillir et dire au revoir *greeting, welcoming and saying goodbye*

●

bonjour	hello; good day
bonsoir	hello; good evening
bonne nuit	goodnight
Sois le/la bienvenu(e)!	Welcome! (familiar sing.)
Soyez le/la/ bienvenu(e)!	Welcome! (polite sing.)
Soyez les bienvenu(e)s!	Welcome! (plural)
à bientôt; à tout à l'heure	see you soon
à demain	see you tomorrow
à lundi	see you (on) Monday
à ce soir	see you tonight
Bon voyage	Have a good trip
Bonne chance	Good luck
Bon weekend	Have a good weekend

More familiar

Salut!	Hi!; See you!
(Comment) ça va?	How are things?
Comment vas-tu/ allez-vous?	How are you?
Avez-vous du feu?	Have you got a light?

●●

remarquer	to notice; to observe

●●●

adieu	farewell; goodbye
faire ses adieux à qn.	to say goodbye to s.o.
les coutumes (f.)	customs
serrer la main à qn.	to shake hands with s.o.
faire la bise à qn.	to give s.o. a kiss (on the cheek)
un(e) collègue	colleague
se comporter; se conduire	to behave; to conduct oneself

●● ●●●

Est-ce vrai que les français sont plus polis que les Anglais?
- Non, mais les coutumes sont assez différentes, par exemple:
Au travail/au collège
- Il est tout à fait normal de serrer la main à/de tes collègues/tes camarades chaque matin et chaque soir.
- Les filles se font la bise et font la bise aux garçons.
Dans d'autres situations
- Quand on entre dans un magasin/un ascenseur on dit 'Monsieur, Madame ou Messieurs Dames' aux personnes présentes.
- Et quand on demande quelque chose à un passant - "Du feu" ou son chemin - on utilise le mot Monsieur/Madame/ Mademoiselle par politesse.
- Remarque aussi que les Français tutoient leurs amis, et se vouvoient dans les situations plus formelles. *(5b below)*

●	
Monsieur (M.)	Mr.; Sir
un monsieur	a gentleman
Messieurs (MM)	Gentlemen
Madame (Mme)	Mrs.; Madam
Mesdames	Ladies
Mademoiselle (Mlle)	Miss
Mesdemoiselles	the Misses; (young) ladies
Messieurs Dames; M'sieu Dames	Polite acknowledgement of other people (e.g. in shop/lift)
Titles	
Madame la Directrice	(Madam) Headteacher
Monsieur l'agent	Officer (sir)

par politesse (f.)	out of politeness
tutoyer	to use the 'tu' form
vouvoyer	to use the 'vous' form

(b) Pardon: désolé! *Sorry!*

Je vous demande pardon, Madame...

Sorry!
Bousculer quelqu'un . . . bumping into someone
Pardon/Je suis désolé(e)/Excusez-moi . . . Sorry.
Déranger quelqu'un . . . disturbing someone
Pardon/Excusez-moi, puis-je passer? . . . Excuse me, can I get past?
Attirer l'attention de qn . . . attracting s.o.'s attention
Pardon/Excusez-moi Madame, pour aller à la banque?
. . . Excuse me, how can I get to the bank? *(6.8)*

I am sorry (stronger apology)
Je te/vous demande pardon . . . I beg your pardon.
Jean est fâché. Je vais lui demander pardon demain/Je vais m'excuser demain . . . John is annoyed. I'll apologise tomorrow.

Sorry for . . . ing /Sorry to . . .
Je suis désolé(e)   *d'*être impoli(e)   *(for be*ing)
Je regrette   *de* vous/t'ennuyer   *(for* annoy*ing)*
     *d'*apprendre que ta mère est malade
            (to learn)

Sorry for having . . . (done)
Je suis désolé(e)   *d'avoir oublié*   *(for*
     ton livre   *having . . .)*
Excusez-moi   *d'avoir renversé*
     le vin
     d'être arrivé
     en retard

Sorry that . . .
Je suis désolé *que* l'on ait volé ton vélo.
Je regrette *que . . .*
(I'm sorry *that . . .*)

Very sorry that . . .
Je déplore *que* son père soit mort.
Je regrette vraiment beaucoup *que . . .*

5 Communiquer en langue étrangère
communicating in a foreign language

(a) Apprendre/parler/comprendre *learning/speaking/understanding* _____

●

la langue	language; tongue
étranger -ère	foreign
un(e) étranger -ère	foreigner
le français	French
l'espagnol (m.)	Spanish
l'allemand (m.)	German
apprendre	to learn; to teach
parler	to speak
assez; très bien; mal	quite; very well; badly
un peu	a little
trop	too (much)
un accent	accent
la voix	voice
assez; très bon(ne)	quite; very good
excellent	excellent
presque	almost
comprendre (compris, *past part.*)	to understand
rapide(ment)	quickly
vite	fast; quickly
lentement	slowly
dis-moi; dites-moi (dire)	tell me
répéter	to repeat
la question	question
le mot	word
la phrase	phrase; sentence
un exemple	example
la même chose	the same thing
le contraire	the opposite
la différence	difference
différent	different
Depuis quand/ combien de temps . . .?	(For) How long . . . ?
un an	year
longtemps	a long time
connaître	to know (a person/ place/word/ language)
savoir	to know (facts)
le cours	lesson; class
le professeur	teacher (m./f.)
entendre	to hear
écouter	to listen to
lire	to read
écrire	to write
étudier	to study

●

Parlez-vous anglais, monsieur?
- Très peu. Je comprends quelques mots seulement. J'ai appris l'anglais à l'école mais j'ai presque tout oublié.

Est-ce que tu me comprends?
Est-ce que tu comprends ce que je dis?
- Oui, quand tu parles lentement. Mais si tu parles vite je ne comprends rien.

Alors, si tu n'as pas compris/si vous n'avez pas compris,
dis-moi: 'Veux-tu répéter la question s'il te plaît?'
dites-moi: 'Voulez-vous répéter la question s'il vous plaît?'
- D'accord.

Depuis quand/Depuis combien de temps apprends-tu le français?
- Je l'apprends depuis cinq ans/depuis longtemps.

Et connais-tu d'autres langues?
- Oui, je parle assez bien l'allemand, et il y a deux ans, j'ai fait de l'espagnol.

Qu'est-ce que tu fais pendant les cours de français?
- Nous parlons, nous écoutons, nous lisons et quelquefois nous écrivons. Le professeur nous pose des questions et nous essayons de répondre.

Et comment est ton professeur de français? *(1.5/6)*
- En général elle est très sympa, mais elle se fâche quand/si nous faisons trop de fautes dans nos devoirs.

~~~~~~~~~~~~~~~~~~~~

demander	to ask for
poser des questions (f.)	to ask questions
essayer de	to try to
répondre	to reply
se fâcher	to get annoyed
correct	correct
exact	exact; right
faire une faute/ une erreur	to make a mistake
le problème	problem
la conversation	conversation
Comment . . . ?	How . . . ?
Quel/Quelle, etc.	What . . . ?
	(19.5)

avoir du mal à	to have difficulty in *(15.1)*	
se rappeler qch.;	to remember	
se souvenir de qch.	something	

● ●●
Quel est ton plus grand problème en français?
- Je trouve que la conversation est un problème pour moi parce que je ne connais pas assez de mots! Je sais que c'est important, mais j'ai du mal à m'en souvenir/à me les rappeler.

(b) Peux-tu m'aider? *Can you help me?*

●
vouloir dire	to mean
une sorte de	a sort of
pouvoir	to be able; can
la boum;	party
la surprise-partie	
la réunion	meeting
Comment ça	How is that
se dit? (se dire);	said?;
s'écrit? (s'écrire)	written/spelt?
le truc; le machin	thing(ummy)
un membre de la	member of the
famille	family
un(e) patron(ne)	boss
un(e) inconnu(e)	unknown (person)
entre	between
avoir raison	to be right
avoir tort	to be wrong (about facts)
la fleur	flower

●●
épeler	to spell
laisser passer	to allow to pass

●
Ce mot 'boum'. Qu'est-ce que ça veut dire?
- C'est une sorte de réunion/surprise-partie que tu as pour ton anniversaire, par exemple.
- Et comment ça s'écrit?
- Écoute. Je vais l'épeler (●●): b-o-u-m.

Quel est le français pour 'youth hostel'?
L'expression 'youth hostel', comment ça se dit en français?
- On dit/C'est 'auberge de jeunesse'.

Ce truc-là, qu'est-ce que c'est en français?
Quel est le nom français pour ce machin-là?
- C'est une montre digitale. *(10.5b)*.

La phrase 'Priorité à droite', qu'est-ce que ça veut dire?
- Ça veut dire que les voitures venant de ta droite peuvent passer avant toi/que tu laisses passer les voitures qui viennent de ta droite. *(8A.7)*

Quelle différence y a-t-il entre 'tu' et 'vous'?
- *Tu dis 'tu' à un ami*, à un membre de ta famille ou à un animal.
Tu dis 'vous' à un patron, à un adulte, à un professeur, à une personne plus âgée que toi ou à une personne que tu ne connais pas; un passant, par exemple.
En plus tu dis 'vous' à un **groupe** de gens; soit un groupe d'amis, de professeurs ou d'inconnus.

Est-il correct/Ai-je raison de dire 'J'ai assez *des* fleurs'?
- Non, ce n'est pas correct. Tu dois dire 'assez *de* fleurs'.

Quel est le français pour 'rendez-vous'?

(c) Corrige-moi si je me trompe *Correct me if I'm wrong* _____

sans *(+ infin.)*	without
certain	certain
presque	almost
le temps	tense
	(*Also:* weather; time, 7 & 17)
se tromper de	to make a mistake
faire des erreurs (f.)	to make mistakes
faire des progrès (m.)	to make (some) progress
expliquer	to explain
venir de *(+ infin.)*	to have just
utiliser; employer; se servir de	to use

●●

corriger	to correct
mal prononcer	to pronounce badly
se prononcer	to be pronounced
critiquer	to criticise
avoir (la) confiance	to have the confidence
douter de qch.	to have doubts about sth.
inclus	included
autrement	otherwise
autrement dit; en d'autres mots (m.)	in other words
recevoir	to receive
traduire	to translate
aucun problème	no problem
conseiller	to advise
pareil(le)	the same

●●

Est-ce que tu peux me corriger quand je fais des erreurs/quand je me trompe de temps/quand je prononce mal un mot?
- Oui, bien sûr. Et toi, tu feras la même chose pour moi en anglais?
- D'accord, mais ne nous critiquons pas trop, autrement nous n'aurons plus confiance, et nous ne ferons pas de progrès!

Si tu doutes de quelque chose/Si tu n'es pas certain, demande-moi!
- Merci.

Peux-tu m'expliquer la phrase 'Service non compris'?
- Oui. Ça veut dire que les services du garçon n'ont pas été inclus dans le prix du repas. Autrement dit/En d'autres mots, donne-lui un pourboire! *(9.2d)*

Pierre, je viens de recevoir cette lettre que je ne comprends pas très bien.
- Aucun problème. Je t'aiderai à la traduire.

Le mot en français pour 'eggs'; comment ça se prononce?
- On dit 'des œufs' sans prononcer ni le 'f' ni le 's'.

Et comment ça s'écrit?
- Je vais l'écrire pour toi. Comme ça.

Est-ce que tu peux me conseiller; quelle différence y a-t-il entre 'utiliser' et 'se servir'?
- Il n'y a presque pas de différence/C'est pareil.

(d) Comment se perfectionner *How to improve one's knowledge* _____

●

faire un séjour	to stay
au bout de	at the end of
une occasion	opportunity

●●

pratiquer	to practise
la connaissance	knowledge
arriver à	to manage to
couramment	fluently
il vaudrait mieux	it would be better to
ça vaudrait la peine de	it would be worth the trouble to
un(e) interprète	interpreter
un(e) traducteur -trice	translator

●●

Tu veux un emploi où tu peux utiliser de différentes langues?
- Oui, si j'arrive à parler le français couramment, j'aimerais être interprète/traducteur. *(3.B.4)*

se perfectionner	to improve; to increase one's knowledge
améliorer	to improve
s'exprimer	to express oneself
avec facilité (f.)	with ease; easily
l'argot (m.)	slang (21)
l'usage (m.) populaire	popular usage
sur place	on the spot
signifier	to mean
la signification	meaning
un équivalent	equivalent
la nuance	(shade of) meaning
la langue maternelle	mother tongue
se débrouiller	to manage; to cope

•• •••

Je voudrais me perfectionner en français. Que dois je faire/qu'est-ce qu'il faut que je fasse? Comment puis-je améliorer ma connaissance du français?

- Il faut pratiquer la langue, donc ça vaudrait la peine de/il vaudrait mieux faire un séjour dans une famille française. Au bout de quelques semaines, tu t'exprimerais avec plus de facilité. Tu aurais une connaissance de l'argot et de l'usage populaire.

Tu aurais l'occasion, sur place, de discuter des équivalents, des significations et des nuances spéciales dans les deux langues.

Tu ne parleras pas couramment après un tel séjour, car le français n'est pas ta langue maternelle, mais tu te débrouillerais sans problème.

6 Parler des problèmes d'actualité
talking about current affairs

•• •••

Le catastrophe	catastrophe
un accident de la route	road accident (8A.5)
le désastre; le sinistre	disaster
s'écraser au sol	to crash (a plane)
le naufrage	shipwreck
une explosion (de gaz)	(gas) explosion
un incendie	fire
la centrale nucléaire	nuclear power station
une enquête	enquiry
La guerre	war
l'armée (f.)	army (3.B.4)
déclarer	to declare
le désarmement nucléaire	nuclear disarmament
la manifestation	demonstration
manifester	to demonstrate
la bannière	banner

La loi	the law
la cour	court
le palais de justice	central law courts
le tribunal	(magistrate's) court
le tribunal de police	court for minor offences
un excès de vitesse	speeding
le vol à l'étalage	shoplifting
le Tribunal Correctionel/le juge des délits plus importants	court for more serious offences e.g. burglary
une affaire	case
une amende	fine
condamner à la prison	to send to prison
le vol	theft (16)
le cambriolage	burglary
la violence	violence
l'agression (f.)	mugging (15.7)
le vandalisme	vandalism
l'agitation civile	civil unrest
le terrorisme	terrorism
la police	police
les C.R.S. (21.3)	riot police

Le gouvernement	the government
le président	president
le premier ministre	prime minister
le Parlement	Parliament
l'Assemblée Nationale (f.)	National Assembly
le député	Member of Parliament
le parti politique	political party
conservateur	conservative
travailliste	labour
libéral	liberal
social-démocrate	social democratic
démocratique	democratic
socialiste	socialist
communiste	communist
le socialisme	socialism
le communisme	communism
les écologistes	ecologists
être de droite	to be right wing
être de gauche	to be left wing
être centriste	to be in the centre
une élection	election
avoir lieu	to take place
persuader	to persuade
le sondage	opinion poll
voter (pour)	to vote (for)
donner sa voix	to vote
la voix	vote (*Also:* voice)
le vote	vote
la reine	queen
le roi	king
le prince	prince
la princesse	princess
L'administration locale	local government
le maire	mayor
la mairie; l'hôtel de ville	town hall
un(e) conseiller -ère municipal(e)	councillor
le comité	committee
la réunion	meeting
la décision	decision
Les zones urbaines	inner cities
la pauvreté	poverty
la crise de logement	housing problem
des conditions (f.) inadmissibles	intolerable conditions

L'économie	the economy
la crise (grave)	(serious) crisis
les impôts (m.)	taxes
le niveau de vie	standard of living
la balance des paiements	balance of payments
avoir des actions (f.) dans une compagnie	to have shares in a company
les opérations commerciales/financières	commercial/financial deals
Les problèmes (m.) sociaux	social problems
le chômage	unemployment (3.B.2)
un(e) chômeur -euse	unemployed person
le licenciement	redundancy
licencier	to lay off; to make redundant
la sécurité sociale	social security
l'allocation (f.) (de) chômage	unemployment benefit
les allocations familiales	family benefits
Les syndicats (m.)	the unions
un(e) syndiqué(e)	union member
un employeur	employer
un(e) employé(e)	employee
la direction	management
protéger	to protect
défendre	to defend; to forbid (15.7)
les droits (m.)	rights
la negotiation	negotiation
faire la grève pour de meilleures conditions de service/de travail	to go on strike for better conditions of service/working conditions
Les media	the media
la presse	the press (13.A.2)
la télévision	television (13.A.1)
la radio	radio
les actualités (f.)	news
actuel(le)	current; present
actuellement	at the moment
contemporain	contemporary
à cette époque	at that time; then
de nos jours	nowadays
le M.L.F. (21.3)	Women's Lib.

15

1 Être malade
to be ill

●

fatigué	tired
fragile	ill; 'off colour'
faible	weak *(3.A.2b)*
pâle	pale
avoir mal au cœur	to feel sick
avoir mal à (+ *part of the body*)	to have a pain in (part of the body)
avoir soif	to be thirsty
avoir faim	to be hungry
avoir froid	to be cold
avoir chaud	to be hot
avoir peur	to be afraid
avoir l'air (m.)	to seem *(1.5)*
aller au lit; se coucher	to go to bed
appeler	to call
avoir de la température	to have a temperature

●●

avoir de la fièvre	to be feverish
se sentir bien/mal	to feel well/bad
attraper	to catch
la grippe	flu
avoir un rhume; être enrhumé	to have a cold
souffrir	to be in pain; to suffer
souffrant	in pain; suffering
faire venir	to call (out); to send for

●

Maman, je suis malade. J'ai mal au cœur, j'ai chaud et j'ai soif. Je suis très faible.
- Qu'est-ce qu'il y a? Voyons, oui, tu n'as pas l'air très bien. Va au lit. Je vais appeler le médecin.

Le corps humain	the human body		
•		**••**	
la tête	head	le cou	neck
le visage	face	une épaule	shoulder
la bouche	mouth	le genou	knee
la langue	tongue	la peau	skin
la dent	tooth	le sang	blood; bloodstream
une oreille	ear		
le nez	nose	**•**	
la gorge	throat	le poignet	wrist
un œil	eye	le coude	elbow
les yeux (m.)	eyes	la cheville	ankle
le bras	arm	la poitrine	chest
la main	hand	les poumons (m.)	lungs
le doigt	finger	le foie	liver
la jambe	leg	un orteil	toe
le pied	foot	un ongle	nail
le doigt de pied	toe		
le dos	back		
l'estomac (m.);	stomach;		
le ventre	tummy		

2 Chez le médecin
at the doctor's

•

le docteur; le médecin	doctor (m./f.)
un examen	examination *(3.A.5)*
ouvrir la bouche	to open one's mouth
dire 'Ah'	to say 'Ah'
normal	normal
se reposer	to rest
à peine	hardly
marcher	to walk; to function *(8A.4 & 5.2)*

••

la réception	reception
le rendez-vous	appointment
s'occuper de qn.	to attend to someone
un(e) patient(e)	patient
un(e) malade	sick person
la salle de consultation	consulting room
consulter	to consult
perdre sa voix	to lose one's voice
une infection	infection
une ordonnance	prescription
le coup de soleil	touch of the sun; sunburn (painful)
une insolation	(a touch of) sunstroke
brûlé	burnt
garder le lit	to stay in bed
le comprimé	tablet
se fouler	to sprain

•   ••

À la réception . . . at the reception

Vous avez un rendez-vous, madame?
- *Oui.* Pour deux heures et demie.
- Bon, asseyez-vous là. Le docteur sera à vous/le docteur va s'occuper de vous dans un instant.

- *Non.* Mais est-ce possible de voir le docteur aujourd'hui?
- Hum, nous avons beaucoup de patients. Vous devrez attendre une heure.
- Ça va.

Dans la salle de consultation . . . in the consulting room

Bonjour monsieur. Qu'est-ce qui ne va pas?
- *J'ai mal à l'oreille et j'ai perdu ma voix.*
- Bon. Ouvrez la bouche. Dites 'Ah'. Oui, c'est une infection de la gorge/une angine (**•••**). Voilà une ordonnance pour des antibiotiques. Prenez-en quatre par jour, après les repas/Prenez-en un quatre fois par jour.

- *Je pense que j'ai attrapé un coup de soleil/une insolation, docteur.*
- Oui, vous êtes bien brûlé. Gardez le lit pendant trois jours au moins. Je vous fais une ordonnance pour des comprimés et de la crème.

(me) faire mal	to hurt (me)
enlever	to remove
conseiller	to advise
rester immobile	to remain still
faire faire qch.	to have sth. done

●●●

le rhume des foins	hayfever
une angine	sore throat; tonsilitis
des antibiotiques (m.)	antibiotics
enfler; gonfler	to swell
le bandage	bandage
le diagnostic	diagnosis
le symptôme	symptom
prendre . . .	to take . . .
le pouls/	someone's pulse/
la température	temperature

●●   ●●●

- Je me suis foulé la cheville et je peux à peine marcher. Ça me fait très mal.

- Enlevez votre chaussure et votre chaussette. Oui, c'est très enflé. Mettez un bandage, et je vous conseille de vous reposer pendant une semaine.

- Je vais en Afrique. Quel(s) vaccin(s) faut-il faire faire?

- Il vous faut le vaccin contre le choléra et contre la fièvre jaune.

faire une prise de sang	to take a blood sample
le vaccin	vaccination
le cabinet	the surgery

3 À la pharmacie
at the chemist's

●

le cachet	tablet
une aspirine	aspirin
la crème (anti-insecte)	(anti-insect) cream
essayer	to try
recommander	to recommend
se couper	to cut oneself
nettoyer	to clean
un essuie-mains	hand towel
sale	dirty
profond	deep
une fois/trois fois	once/three times
avoir le mal de mer	to be seasick
être malade en avion/en voiture	to be air/car sick

●●

le médicament; le remède contre	medicine for
le comprimé	tablet
la pilule	pill
la pastille	pastille; lozenge
le sirop	liquid medicine; syrup *(9.3a)*
la cuillerée	spoonful
la piqûre de moustique	mosquito bite
la diarrhée	diarrhoea
la constipation	constipation
constipé	constipated
vomir	to vomit; to be sick
une toux	cough
tousser	to cough
un antiseptique	antiseptic
le coton (hydrophile)	cotton wool
le pansement	plaster; dressing
le sparadrap	sticking plaster (often a roll)

●

Monsieur, j'ai mal à la tête. Pouvez-vous me donner quelque chose?/Avez-vous quelque chose?
- Oui, essayez ces cachets d'aspirine.

●●

Madame, avez-vous quelque chose/ un remède/ un médicament contre . . .?	- Oui, je vous recommende . . .
les piqûres de moustique	cette crème anti-insecte
la diarrhée/le mal de mer	ces comprimés/pilules
la toux	ce sirop/ces pastilles

Prenez(-en) deux cuillerées/10 millilitres (de sirop) après les repas, et avant de vous coucher.
Prenez un comprimé quatre fois par jour, avant de manger.

●●   ●●●

Je me suis coupé le doigt. Je voudrais des pansements.
- Hum. C'est sale et assez profond. Nettoyez la plaie/la coupure avec un antiseptique et du coton hydrophile/une compresse, et mettez de la gaze et du sparadrap.

●●●

la coupure	cut; gash
la plaie	wound; sore
la gaze	gauze; lint
la compresse	compress

4 À l'hôpital
in hospital

•	
le piéton	pedestrian
le camion	lorry
renverser	to knock down/over
emmener	to take (a person) (14.2)
une ambulance	ambulance
un(e) infirmier -ière	nurse
se couper	to cut oneself
••	
tomber	to fall
se casser	to break (e.g. a limb)
se blesser	to injure oneself
se brûler	to burn oneself
(vous) faire mal	to hurt (you)
s'inquiéter	to worry
mourir	to die
mort	dead
vivant; encore en vie	alive
recevoir	to receive
la crise	crisis
la clinique	(private) hospital
•••	
la radio	x-ray (Also: radio)
supporter	to put up with
mettre dans la plâtre	to put in plaster
plâtrer	to plaster
mordre	to bite
saigner	to bleed
suturer; recoudre; faire des points de suture	to stitch up (10.11f)
plier	to bend
faire une piqûre	to give an injection
antitétanique	antitetanus
de pénicilline	of penicillin
calmer la douleur	to ease the pain
le vaccin	vaccine
à la fesse	in the bottom/buttock
être opéré	to be operated (on)
subir une opération	to have an operation
l'appendicite (f.)	appendicitis
les amygdales (f.)	tonsils
guérir	to cure; to heal; to recover
se remettre	to recover
s'en tirer	to pull through
la blessure	wound; injury
le traitement	treatment
avoir une fatigue; s'écrouler	to collapse
réanimer	to revive
sur place	on the scene

•   ••

Un accident de la route . . . a road accident (8A.5)
Qu'est-ce qui s'est passé?
- Un piéton a été renversé par un camion. On l'a emmené à l'hôpital. Il était encore en vie, mais je pense qu'il va mourir. Ses blessures (•••) étaient très graves.

••   •••

Une fracture . . . a fracture
Où avez-vous mal, monsieur?
- Au genou. C'est insupportable.
- Essayez de le plier. Vous ne pouvez pas? Alors on va vous faire une radio. Je pense que vous vous êtes cassé la jambe.
- Ah non! On va mettre la jambe dans la plâtre/plâtrer la jambe?
- On saura ça/on va voir/on va savoir dans une heure.

Une coupure . . . a cut; gash
Comment vous êtes-vous fait cette coupure à la jambe?
- C'était un accident avec la tondeuse à gazon/Un chien m'a mordu. (2.8)
- Bon, on va vous faire des/quelques points de suture. Avant, on va vous faire une piqûre pour calmer la douleur, et deux autres encore à la fesse. L'une antitétanique et l'autre de pénicilline.

Une opération . . . an operation
As-tu jamais eu une opération?
- Oui, j'ai été opéré des amygdales.

Madame, votre fils a subi une opération de/a été opéré de l'appendicite. C'était très urgent. Il a été admis hier soir.
- Oh là! là! Comment est-il?
- Ne vous inquiétez pas madame. Il s'est bien remis de/après l'opération, et va guérir bientôt. Vous pouvez le voir maintenant, mais il n'est pas encore tout à fait réveillé.

Une crise cardiaque . . . a heart attack
Un infarctus . . . a coronary
Votre mari s'est écroulé/a eu une fatigue dans la rue, madame. Le SAMU est arrivé très vite sur place, et on l'a réanimé/on a pu le réanimer.
- Vous pensez qu'il s'en tirera?
- Oui, la crise est passée. Il recevra un très bon traitement dans la salle de soins intensifs.

la salle de réanimation	resuscitation ward
la salle de soins intensifs	intensive care unit
le SAMU; le SMUR	ambulance with doctor

(Service d'aide médicale d'urgence & Service Mobile d'urgence et de réanimation) *(21.3)*

5 D'autres praticien(ne)s
other practitioners

•

perdre	to lose
les lunettes (f.)	glasses
essayer de	to try to
évidemment	obviously
étroit	narrow; tight

•••

le plombage	a filling
conserver	to keep; to 'save'
arracher	to pull out; to extract (7. below)
un(e) orthodontiste	orthodontist
un appareil dentaire	brace
les verres (m.) de contact; des lentilles (f.)	contact lenses
examiner	to examine
tester	to test
prescrire	to prescribe
le diagnostic	diagnosis
le verre	lense; glass (9.2g)
la monture	frames
s'incarner	to be ingrowing
une ampoule	blister (Also: light bulb, 2.4)

•   ••   •••

Chez le dentiste . . . at the dentist's
J'ai mal aux dents.
- Je vais vous examiner. Oui, vous avez perdu un plombage. Je vais essayer de conserver la dent, mais si ce n'est pas possible, je l'arracherai.
- D'accord.

Chez l'oculiste . . . at the optician's
J'ai perdu mes lunettes/mes lentilles/mes verres de contact.
- Je vais tester votre vue, et je vous en prescrirai d'autres.

L'oculiste: Un docteur qui prescrit les lunettes et les lentilles, ou qui donne un diagnostic des maladies des yeux.

L'opticien(ne) vous vend les lunettes. Il pose les verres dans les montures.

Chez le pédicure . . . at the chiropodist's
Cet ongle me fait mal. Pourriez-vous le regarder?
- Ce n'est pas grave. Il s'incarne et vous avez des ampoules. Évidemment vos chaussures sont trop étroites.

6 Les frais
charges

•

avoir droit à qch.	to have the right to something
avoir le droit (de faire)	to have the right (to do)
la différence	difference
un(e) étranger -ère	foreigner
le formulaire	form
coûter	to cost

••   •••

Faut-il payer en France pour les soins médicaux?
- Oui, mais on est remboursé à 70% par la Sécurité Sociale, et beaucoup de gens ont 'Une Mutuelle'. C'est une police d'assurance qui rembourse la différence/le reste/les 20 ou 30% restant.

••	
un(e) assuré(e)	insured person
rembourser	to reimburse
la Sécurité Sociale	Social Security
une police	insurance policy
d'assurance	
(les 30) pour cent	(30) per cent
à peu près	around about
•••	
les soins médicaux	medical care
un(e) citoyen(ne)	citizen; 'member'
à condition que	on condition that
(+ *subj.*)	
la vignette	medicine price label
	(8A.8)
la feuille de soins;	medical claim form
le volet de	
facturation	
obtenir	to obtain
réclamer	to claim back
	(Also: to complain)
le pourcentage	percentage

Et pour les étrangers en France?

- Eh bien, les citoyens du Marché Commun ont droit aux mêmes soins médicaux que les Français, à condition qu'ils aient obtenu un formulaire spécial dans leur pays (le formulaire E111 en Angleterre) avant de venir en France.

Combien ça coûte en France, à peu près, pour recevoir un traitement?

- Une consultation chez le docteur coûte environ 110 francs. Il vous donne une ordonnance et 'la feuille de soins', et avec ça vous achetez les médicaments prescrits à la pharmacie. Le pharmacien colle les vignettes sur la feuille de soins. Ensuite vous envoyez la feuille de soins au bureau de la Sécurité Sociale, et vous serez remboursé à 70%.
La plupart des voyageurs obtiennent une police d'assurance avant d'aller à l'étranger, et avec ça ils peuvent réclamer la différence/les trente pour cent.

7 Les dangers
danger(s)

•	
gratuit	free
les (sapeurs-)	fire brigade/
pompiers	firemen
••	
se noyer	to drown
le témoin	witness
•••	
le zodiac	inflatable rescue
	craft
la vedette	fast rescue boat
	(Also: film star,
	13.C.2)
prévenir	to alert; to inform
le maître-nageur	lifeguard
une agression	mugging
arracher	to snatch *(2.8)*

Au feu! . . . Fire! (See phoning in an emergency, 11.B.4)

En cas d'urgence composez le dix-huit pour appeler les pompiers. C'est gratuit. Les pompiers sont aussi responsables du service d'ambulances municipal.

Au secours!/À l'aide! . . .Help!

Si vous voyez quelqu'un qui se noie dans la mer . . .
- Composez le 17 pour faire venir le bateau de sauvetage.
- Composer le 18 pour faire venir le zodiac/la vedette des sapeurs-pompiers.
- Prévenez vite les maître-nageurs.

À l'assassin! . . . Murder!

Si vous êtes témoin d'une agression, composez le 17 pour police-secours.

Au voleur! . . . Stop thief! (See loss and theft, 16)

Si vous voyez un voleur qui arrache le sac à main de quelqu'un/d'une dame, essayez de l'arrêter et appelez la police.

CHIEN MÉCHANT

Faites attention/Prenez garde! . . . Take care/Watch out!

Attention aux pickpockets
Attention arrêts fréquents (bus, delivery vehicle)
Attention Ne mettez pas nylon, soie ou caoutchouc (rubber) dans les séchoirs (launderette) *(10.3e)*
Chien *méchant* . . . Beware of the dog

Danger Ne vous approchez pas du bord de la falaise
Risque permanent d'éboulement (cliff warning)
Risque d'inondation (coast road)

Danger: Priorité à droite *(8A.7)*

Danger de mort: Haute Tension . . . High Voltage
Danger: Un train peut en cacher un autre (level crossing)
Danger: Ne pas se pencher au dehors de la fenêtre . . . Do not lean out of the window (on a train)
Baignade *dangereuse* . . . Bathing dangerous

DÉFENSE DE FUMER

Interdire/défendre . . . forbidding

Interdiction de se baigner . . . No bathing/swimming
Stationnement *interdit* . . . No parking *(8A.6)*
Circulation *interdite* sauf aux riverains . . . Traffic prohibited, except for residents
Il est *interdit de* sortir les caddies du parking . . . Do not take trolleys away from the car park (supermarket)
Il est *formellement interdit de* fumer . . . Smoking strictly prohibited

*Défense d'*afficher . . . No billposting
Défense absolue de déposer des ordures . . . Tipping rubbish strictly forbidden . . .

Threats

. . . *sous peine de poursuites*/d'*amende* . . . or else you will be prosecuted/fined
Parking strictement réservé aux véhicules de la résidence.
Toute *infraction* sera *poursuivie judiciairement* . . . all offences will result in prosecution

Requests

Sortie de voitures. *Prière de* ne pas stationner . . . Please do not park.

Other public places

Soyez prudent Prenez vos jeunes enfants dans vos bras.
Faites attention à vos vêtements amples et à vos bottes de caoutchouc. (escalator)
Surveillez vos bagages, *gardez-les* avec vous par mesure de sécurité. Tout objet abandonné peut être immédiatement détruit par les services spécialisés. (métro station)
N'oubliez pas de faire retirer les étiquettes électroniques de vos articles, à la caisse. (shop)
Ce magasin est protégé contre le vol par un système de télé-surveillance. (shop)

Consignes d'incendie . . . Fire rules/instructions (hotel)

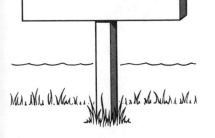

BAIGNADE DANGEREUSE

1 À l'hôtel
at the hotel

●

le portefeuille	wallet
marron*	brown
en plastique	plastic
perdre	to lose
trouver	to find
reprendre	to take back; to get back
demander	to ask for
la femme de chambre	chambermaid
la rue	street
le stade	sports ground
sûr	sure
certain	certain
peut-être (que)	perhaps
Bonne chance!	Good luck!
Quand . . . ?	When . . . ? *(See time expressions, 17)*
aujourd'hui	today
le matin	morning
l'après-midi (m./f.)	afternoon
le soir	evening
demain	tomorrow
hier	yesterday
Où . . . ?	where . . . ?
dans	in
sur	on
sous	under

●●

retrouver	to find (having lost)
laisser	to leave
laisser tomber	to drop
voler (à qn.)	to steal (from s.o.) *(Also:* to fly)

● ●●

J'ai perdu mon portefeuille madame. Il était marron, en plastique. Est-ce qu'on l'a (re)trouvé? Quelqu'un l'a-t-il (re)trouvé?

- *Oui*, on l'a trouvé sous une table dans la salle à manger. Allez à la réception pour le récupérer (●●●)/reprendre.
- *Non*, je demanderai à la femme de chambre. Vous êtes sûr/certain que vous l'avez perdu ici?/de l'avoir perdu ici? Non. Peut-être que (qu') . . .
- je l'ai perdu dans le train hier.
- je l'ai laissé tomber dans la rue.
- on me l'a volé au restaurant.
- un pickpocket me l'a volé au stade cet après-midi. Je ne me souviens de rien du tout. Je n'en ai aucune idée.
- Hum. Je vous conseille d'aller au bureau des objets trouvés et au commissariat de police. Bonne chance!

~~~~~~~~~~

se souvenir (de qch.)	to remember (sth.)
rien du tout	nothing at all
conseiller de	to advise to

●●●

récupérer	to get back; to recover
le pickpocket	pickpocket

* invariable

144

2   Au bureau des objets trouvés
at the lost property office

•
oublier	to forget; to leave behind
la valise	suitcase
le parapluie	umbrella
le sac à main	handbag
le porte-monnaie	purse
le passeport	passport
une pièce d'identité	some means of identification
remplir	to fill in (a form)
la fiche	form; slip; index card
signer	to sign
être à moi	to be mine
(être) désolé	(to be) sorry
le nom	name
faire attention	to be careful
à l'avenir	in the future

••
le carnet de chèques	cheque-book
la carte bancaire	bank-card
le sac à dos	rucksack
marquer	to mark; to write on; to score (13)
contacter	to contact
le consulat britannique	British Consulate
avoir de la chance	to be lucky
découvrir	to discover; to find
le/la mien(ne)	mine (18.8)

•••
le chéquier	cheque-book
signaler	to report
appartenir à	to belong to

La description   *description*

•
décrire	to describe
tout(e) neuf -ve	brand new
vieux/vieil/vieille	old
petit	small
grand	big
court	short
étroit	narrow
long/large/haut de 90 centimètres	90 cms long/wide/high
comme ça	like that
différent	different
une sorte de	a sort of
la couleur	colour (10.3c)
en métal	(made of) metal
en plastique	plastic
en cuir	leather
plein	full
vide	empty

BUREAU DES OBJETS TROUVÉS

Bonjour monsieur. Est-ce qu'on a retrouvé une grande valise verte?

•   ••

J'ai perdu mon sac à main.
- Pouvez-vous me le décrire/m'en donner la description?
- Il est rond, de taille moyenne, bleu marine et en cuir.
- Et qu'est-ce qu'il y avait dedans?
- Mon porte-monnaie, mon carnet de chèques, mes cartes bancaires et mon passeport.
- Hum . . . c'est celui-ci?
- *Oui*. C'est le mien!/C'est ça! J'ai de la chance. Tout est là!
- Bon, vous avez une pièce d'identité? Alors signez là, et faites attention à l'avenir, madame!
- Merci mille fois. Au revoir!
- *Non*. Il est un peu comme ça. Mon nom est marqué à l'intérieur.
- Alors, remplissez cette fiche, et passez nous voir demain. Je vous conseille d'aller à la banque pour les informer de la perte de votre chéquier, etc.

la marque	make
la forme	shape
la taille	size
moyen(ne)	average
carré	square
rond	round
solide	solid
semblable	similar
pareil(le)	similar
reconnaître	to recognise
celui-ci	this one *(18.8)*
celui-là	that one
dedans	inside
à l'intérieur (m.)	inside

•••
- Et mon passeport?
- Signalez-en la perte au commissariat de police/à la police et contactez le consulat britannique.

3 Au commissariat de police
at the police station

•
un appareil(-photo)	camera
la caméra	ciné/video-camera
la voiture	car
la bicyclette	bicycle
le vélo	bike
le vélomoteur	small motorbike
les affaires (f.)	things; business
la clé; la clef	key
fermer à clé	to lock
le permis de conduire	driving licence
louer	to hire; to rent
le quartier	district
un appartement	flat
revenir	to come back
envoyer (enverrai, *future tense*)	to send
essayer de	to try to

••
partout	everywhere
la petite annonce	small 'ad'
la récompense	reward
offrir	to offer
un espoir	hope
stationner; garer	to park
le formulaire	form
les papiers (m.)	papers
les documents (m.)	documents
accuser	to accuse
prouver	to prove
cambrioler	to burgle
le cambrioleur	burglar
le cambriolage	burglary
le(s) bijou(x)	jewel(s)

•
Bonjour monsieur. J'ai laissé mon appareil-photo sur la plage et je ne le retrouve pas.
- Vous êtes allée au bureau des objets trouvés, madame?

•• •••
- Oui, personne ne l'a retrouvé. Je l'ai cherché partout, mais en vain/sans succès.
- Alors, remplissez ce formulaire. Donnez tous les détails: la marque, l'endroit où vous l'avez perdu, la valeur, etc.
Revenez demain et on vous donnera un 'Constat de perte', que vous enverrez à votre compagnie d'assurances.
- (Est-ce que) ça vaut la peine de mettre une petite annonce dans le journal, offrant une récompense?
- Vous pouvez essayer, mais n'ayez pas trop d'espoir, madame.
- Alors, à demain.

Ma voiture a été volée!
- Où l'avez-vous laissée?
- Elle était garée/stationnée devant la poste. J'ai été absent seulement dix minutes.
- Vous l'avez fermée à clé?
- Bien sûr, et en plus il y a une alarme.
- Vous avez vos papiers? *(8A.8)*
- Non, mon permis de conduire et tous les autres documents sont/étaient dans la voiture.
- Alors, donnez-moi tous les détails, d'abord le numéro d'immatriculation . . . (etc).
- Mais il faut que je quitte Reims pour Paris aujourd'hui. Que puis-je faire?
- Je vous conseille de louer une voiture ou de prendre le train. Laissez-nous votre adresse à Paris.

en vain	in vain	
sans succès	without success	
avec succès	successfully	
le constat	(certified) statement	
la perte	loss	
la valeur	value	
la compagnie d'assurances	insurance company	
le numéro d'immatriculation	(car) registration number	
une alarme	alarm	
le policier	policeman	
prévenir	to warn	

Notre appartement a été cambriolé!

- Qu'est-ce qu'ils ont volé/pris?
- De l'argent, des chèques de voyage et mes bijoux.
- Hum . . . c'est le troisième cambriolage (qui a été) signalé dans votre quartier.
- Qu'est-ce que vous allez faire, monsieur?
- Je vais envoyer deux policiers, mais on a peu de chances de retrouver vos affaires/mais je vous préviens qu'il y a peu de chances que l'on retrouve vos affaires.

4 Calme-toi/calmez-vous!
stay calm!

aller chercher	to go and fetch
être fâché contre	to be annoyed with
une fois	once (one time)
(im)possible	(im)possible
c'est dommage	it's a pity
c'est la vie	that's life
heureux -euse	happy

s'occuper de	to see to; to look after
s'occuper à	to be busy doing
à l'arrière de	at the back of
responsable de	responsible for
les bagages (m.) (à main)	(hand) luggage
le guide	courier; guide (*Also:* guide book)
le vol	theft; flight *(8B.5)*
se sentir	to feel
furieux -euse	furious; mad
mécontent	unhappy
déçu	disappointed

se disputer	to argue; quarrel
s'arranger	to work out alright
soulagé	relieved
se rendre compte de	to realise

Un problème à l'aéroport (8B.5)

Paul, j'ai laissé mon sac à main dans le car!

- Ce n'est pas possible! Moi, je m'occupais des valises à l'arrière du car, et toi, tu étais responsable des bagages à main!
- Tu es fâché contre moi?
- Non. Il ne faut pas nous disputer. Va chercher le guide et dis-lui de téléphoner à la compagnie d'autocars. Nous pourrons prendre le prochain vol. C'est dommage mais c'est comme ça. Tu verras que les choses vont s'arranger.
- Hum. Je me sentirai plus soulagée une fois que l'on aura récupéré mon sac à main!

147

1 L'heure
time

(a) Quelle heure est-il? *What time is it?*

On the hour	. . . past		. . . to	
Il est une heure	cinq	*5 past*	**moins** dix	*10 to*
Il est deux heure**s**	**et** quart	*¼ past*	**moins** le quart	*¼ to*
Il est trois heure**s**	**et** dem**ie**	*½ past*	*(heure . . . fem.)*	
Il est midi/minuit	**et** demi	*½ past*	*(midi/minuit . . . masc.)*	

At	à deux heures et demie
(At) about	à trois heures **environ**; **vers** trois heures
In (within)	Je le ferai **en** deux heures. (task finished)
In (end of)	Je le ferai **dans** deux heures. (task to be started)
In (after)	**Au bout d'**une demi-heure elle reviendra.
(As) from	**à partir de** deux heures; **dès** deux heures
Until	**jusqu'à** sept heures et demie
Exactly	Il est trois heures **précises**.
Nearly/almost	Il est **près de/presque** six heures.
a.m.	du matin
p.m.	de l'après-midi/du soir

Note: the 24 hour clock
Il est quinze heures cinquante-cinq. It is 15.55. (3.55 p.m.)

(b) Unités de temps *time units*

une heure	hour	la nuit	(at) night
une seconde	second	le week-end	(at) the weekend
une minute	minute		
un quart d'heure	a quarter of an hour	la semaine	week
trois quarts d'heure	three quarters of an hour	huit jours	a week
		quinze jours	a fortnight
une demi-heure	half an hour		
		un an	year
le jour	day	un mois	month *(7.2)*
le matin	(in the) morning	longtemps	(for) a long time
l'après-midi (m./f.)*	(in the) afternoon	quelque temps	a while
le soir	(in the) evening		
		* invariable	

148

(c) Les jours *days*

lundi	Monday	**samedi**	Saturday
mardi	Tuesday	**dimanche**	Sunday
mercredi	Wednesday	**samedi**	*on* Saturday
jeudi	Thursday	**le samedi**	on Saturday*s*
vendredi	Friday	**tous les samedis**	every Saturday

(d) Quand? *When?*

Present

aujourd'hui	today
maintenant	now
en ce moment	(here and) now
de nos jours	nowadays
actuellement	now; at present
en même temps	at the same time

Past

hier (matin)	yesterday (morning)
avant-hier	the day before yesterday
la semaine dernière	last week
le mois dernier	last month
alors	then; at that time
à cette époque-là	at that time
avant	before
auparavant	before; previously
autrefois	in the past; formerly
récent (récemment)	recent(ly)
pas encore	not yet
déjà	already
le lendemain	the next/following day
le lendemain matin	the next/following morning
le surlendemain	the day after that/two days later/after

Future

demain (soir)	tomorrow (evening)
après-demain	the day after tomorrow
la semaine prochaine	next week
l'été prochain	next summer

Immediate future

dans un moment/ instant	in a moment
immédiatement; tout de suite	immediately
tout à l'heure	presently
dès maintenant	as from now
désormais	henceforth

Note also:

la veille	the day before; the eve
le jour suivant	the next day (in a series)
le dernier jour	the last day

(e) Souvent? *Often?*

quelquefois; de temps en temps	sometimes	**rarement; peu souvent;**	rarely
de nouveau; encore une fois	again	**chaque année**	each/every year
tout le temps	all the time	**tous les jours**	every day
une/deux fois	once/twice	**toutes les semaines**	every week

(f) Raconter une histoire *telling a story*

d'abord	first	**au début;**	in the beginning;
puis	then	**au commencement**	at the start
ensuite	next; afterwards	**en premier lieu**	in the first place
plus tard	later	**en second lieu**	in the second place
après	after(wards)		
enfin; finalement	at last; finally		

(g) L'habitude *habit*

d'habitude	usually	**généralement; en général**	generally
normalement	normally	**en principe**	as a rule
		toujours	still

(h) Durée *duration*

> *During: pendant*
> Pendant . . . la matin**ée**/la journ**ée**/la soir**ée**/l'ann**ée**
>   . . . the morning/the day/the evening/the year
> Dans les années quatre-vingts . . . in/during the 80's
>
> *For in the future: pour*
> J'irai en Belgique **pour** deux semaines.
>
> *For in the past: pendant*
> Il a séjourné chez sa tante **pendant** cinq jours.
> *or* Il a séjourné cinq jours chez sa tante.

For and continuing action: depuis (See j. below)

(i) La ponctualité *punctuality*

être à l'heure	to be on time	**plus tôt**	earlier
arriver (juste) à	to arrive (just) in/on	**plus tard**	later
temps/à l'heure	time	**tôt ou tard**	sooner or later
arriver de bonne	to be early	**de bon matin**	early in the morning
heure/à l'avance/		**tard le soir**	late in the evening
tôt; être en avance		**à une heure avancée**	late on in the day
arriver tard; être en	to be late	**de la journée**	
retard			
arriver avec cinq	to be five minutes late	*Note:* Ma montre a trois minutes de retard/	
minutes de retard		d'avance.	
		My watch is three minutes slow/fast.	

(j) Time and verb constructions

avant de + infin	**avant de** manger (before eating)
après avoir;	**après avoir** vu (having seen)
après (s')être;	**après m'être** levé(e) (having
(+ past part.)	got up)
venir de	je **viens de** le perdre (have just)
	je **venais de** la voir (had just)
depuis	nous attend**ons**/attend**ions** **depuis** une heure (have/had been waiting for)
pendant que	**pendant qu**'il mange/mangeait (while he is/was eating)
être en train de	il **est en train de** le réparer (in the process of repairing it)
être sur le point de	je **suis sur le point de** réussir (on the point of succeeding)

Note the following conjunctions of time take the Past Anterior (not the Pluperfect) when the main verb is in the Past Historic.

lorsque; quand	when
dès que;	as soon as
aussitôt que	
à peine	hardly

Dès qu'il l'**eut** mangé, il se sentit malade . . . as soon as he had eaten it . . .
À peine **fut**-elle rentrée . . . hardly had she returned . . .

2 La date
the date

Quelle est la date?/Quelle date sommes-nous aujourd'hui?

- *C'est* **le** . . .	premier avril
- *Aujourd'hui nous*	deux février, etc.
sommes **le** . . .	le onze juin
	le huit août *(See months, 7.2)*

Quelle est ta/votre date de naissance? *(1.2)*
- C'est le six février mil neuf cent soixante-quatorze.

3 Les numéraux
numbers

(a) Cardinal numbers

0 zéro	20 **vingt**	90 **quatre-vingt-dix**
1 un(e)	21 vingt et un	91 quatre-vingt-onze
2 deux	22 vingt-deux	92 quatre-vingt-douze
3 trois	**30 trente**	99 quatre-vingt-dix-neuf
4 quatre	31 trente et un	
5 cinq	32 trente-deux	**100 cent**
6 six	**40 quarante**	101 cent un
7 sept	41 quarante et un	120 cent vingt
8 huit	42 quarante-deux	200 deux cent**s**
9 neuf	**50 cinquante**	201 deux cent un
	51 cinquante et un	**1 000 mille***
10 dix	52 cinquante-deux	1 001 mille un (exact number)
11 onze	**60 soixante**	1 001 mille et un (suggesting
12 douze	61 soixante et un	many/countless)
13 treize	62 soixante-deux	2 000 deux mill**e**
14 quatorze	**70 soixante-dix**	**1 000 000 un million de**
15 quinze	71 soixante et onze	
16 seize	72 soixante-douze	une douz**aine** de a dozen
17 dix-sept	**80 quatre-vingts**	une trent**aine** de 30 or so
18 dix-huit	81 quatre-vingt-un	des cent**aines** de hundreds of
19 dix-neuf	82 quatre-vingt-deux	des milliers de thousands of

*invariable

Belgium/Switzerland: 70 septante   90 nonante
Switzerland: 80 huitante

Note the writing of numbers

In Britain	**In France**
1,000	1.000 or 1 000
1·5 (1 *point* five)	1,5 (un *virgule* cinq)

(b) Ordinal numbers

1st	premier -ière	**5th**	cin**qui**ème	**10th**	dixième
2nd	second(e);	**6th**	sixième	**11th**	on**zi**ème
	deuxième	**7th**	septième	**20th**	vingtième
3rd	troisième	**8th**	huitième	**103rd**	cent troisième
4th	quat**ri**ème	**9th**	neu**vi**ème	**1000th**	millième

Fractions

un tiers . . . a third	un quart . . .	a quarter	le Tiers Monde
un demi . . . a half	un dixième . . .	a tenth	the Third World

1 Interjections   interjections

Euh . . .	Er . . .
Hum . . .	Mmm . . .
eh bien . . .	well . . .
allez!	right!
hein?	eh (what)?
vraiment?	really?
sans blague?	really?; no joke?
pas tellement	not really
pas du tout	not at all
bof!	huh! (disparagingly)
zut	bother!; blast!
mince (alors)!	oh blow!
mon dieu!	good heavens!
oh la! la!	dearie me!
tiens, tiens	well, well
hélas!	worse luck
tant mieux	so much the better
tant pis	never mind; (that's) too bad
ça dépend . . .	that depends . . .
sans (aucun) doute	without (any) doubt
ça m'est égal	I don't mind either way
ça ne fait rien	never mind
n'importe	it doesn't matter
il n'y a pas de quoi; je vous/t'en prie; de rien	don't mention it
aucun problème	no problem
bravo!	bravo!
formidable!; super!; génial!	great!
tiens/tenez	here (you are)
voilà	here you are (*Also:* there is/are)
d'accord	O.K.; alright
volontiers	willingly
exactement	exactly
c'est juste	that's right
tu as raison	you're right
excusez-moi	pardon; sorry (14.4b)
merci	thank you

2 En plus   in addition

et	and
avec	with
aussi	also
également	also; equally
ensemble	together
de plus; d'ailleurs	moreover
de nouveau; encore une fois	again
inclus; compris	included
y compris	including

3 Mais   but

cependant; pourtant	however
néanmoins	nevertheless
quand même	even so
sauf; excepté	except; save
à l'exception de	except for
du moins	at least
à peine	hardly
d'une part	on the one hand
d'autre part; par contre; en revanche	on the other hand
au contraire	on the contrary
de la même manière	in the same way

4 Très   very

assez	quite
absolument	absolutely
certainement	certainly
vraiment	really; truly
complètement	completely
tout à fait	entirely; quite
entièrement	entirely
plutôt	rather
un peu	a little
si (grand); tellement (grand)	so (big)
un(e) tel(le) (+ *noun*)	such a

5 Combien? How much?

beaucoup de	a lot of; much; many
trop de	too much; many
tant de	so much; many
autant de	as much; many
plus *de* 10F	more than 10 francs
moins *de* 5 hommes	less/fewer than 5 men
assez de	enough
un peu de	a little; some
peu de	little; not much
quelque(s)	some; a few
du/de la/de l'/des	some; of the
ne . . . pas de	not any; no
plusieurs	several
au moins (50 F)	at least (50 francs)
presque	almost
encore (du vin)	more (wine)
en sus;	in addition; extra
en supplément	
davantage	more

chaque	each and every
qui	who; which
que	who(m); which; that
dont	whose; of which
ceci	this
cela/ça	that
ce/cet/cette/ces	this; these
celui/ceux/celle(s)	the one(s)
celui-*ci*/celui-*là*	this one; that one
mon; ton; son, etc.	my; your; his/her
moi; moi-même	me; myself
le mien; la tienne	mine; yours
quelque chose	something
quelque chose *de*	something new
(+ *adj.*) neuf	
quelques-un(e)s	a few; some
quelqu'un	someone; somebody
n'importe qui	anyone; anybody
n'importe quoi	anything
n'importe quel(le)	any (one)

6 Comparer comparing

plus *que* (Pierre)	more than (Peter)
moins *que* (toi)	less than (you)
meilleur(e)	better
mieux	(the) better; best
même	same; -self; even
comme	as; like
pareil(le);	similar to
semblable à	
à la différence de	unlike

7 Causes et conséquences
  causes and results

pourquoi . . .?	why . . .?
la raison pour	the reason why
laquelle	
parce que	because
car	for; because
puisque	since; as
peut-être	perhaps
à cause de	because of
grâce à	thanks to
quant à (lui)	as for (him)
malgré;	despite;
en dépit de	in spite of
bien que (+ *subj.*);	although
quoique (+ *subj.*)	
bien entendu;	of course
bien sûr	
naturellement	of course; naturally
autrement	otherwise
surtout	especially

8 Pronoms et adjectifs
  pronouns and adjectives
(See also 19)

aucun(e)	no/not any (+ noun)
chacun(e)	each (one)

9 Négation negatives

ne . . . pas	not
ne . . . rien	nothing; not anything
ne . . . jamais	never; not ever
ne . . . plus	no more; no longer
ne . . . personne	nobody; not anybody
ne . . . que	only
(*Also:* seulement	only)
ne . . . aucun(e);	no; not any
ne . . . nul(le)	
ne . . . guère	hardly
ne . . . ni . . . ni	neither . . . nor
ne . . . nulle part	nowhere; not anywhere

10 Verbes impersonnels
  impersonal verbs
(with other useful tenses shown)

il y a (avait/aura)	there is/are; ago
il faut (faudrait/faudra)	it is necessary
il est permis/	it is allowed/
interdit de	forbidden to
	(15.7)
ça vaut (valait) la	it's worth the
peine de	trouble to
il vaut (vaudrait) mieux	it's better to
il s'agit de	it's a matter of
ça me plaît (m'a plu)	I like that
il me semble que	It seems to me that
il ne me reste que	I've only got . . . left
il se peut que	it is possible that
(+ *subj.*)	

19

1 Three ways of asking a question

Normal statement spoken with a questioning tone of voice
Tu as beaucoup d'amis?

Inversion . . . turning around verb — subject order
As-tu beaucoup d'amis?

Add **est-ce que** *to the normal statement*
Est-ce que tu as beaucoup d'amis?

2 Nouns as subject in questions

Conversational	More formal . . . 'sum up' the noun in pronoun form
Jean va venir?	Jean va-t-**il** venir?
Is John going to come?	
Mes sœurs sont là?	Mes sœurs sont-**elles** là?
Are my sisters there?	
Comment s'appelle ton frère/Ton frère s'appelle comment?	Ton frère comment s'appelle-t-**il**?
What's your brother called?	

3 Simple question words

Où? . . . where?   Où habites-tu? Où es-tu né(e)?
Combien? . . . how many?   Combien de personnes y-a-t-il dans ta famille?
Quand? . . . when?   Quand vas-tu finir tes devoirs?
Comment? . . . how?   Comment reviens-tu ce soir?
　　　　　　　　　　　　Comment est ton père?/What's your father like?

Pourquoi? . . . why?   Pourquoi aimes-tu faire du camping?
Parce que . . .Because . . .

Note: **Comment?** means Pardon?/What (did you say)? in conversation.

4 Qui, que, etc.

Subject
Qui?/Qui est-ce qui? . . . who?
Qui est ta meilleure copine?/Qui est-ce qui est ta meilleure
copine? Who is your best friend?

Qu'est-ce qui? . . . what?
Qu'est-ce qui se passe à Noël?/What happens at Christmas?
Qu'est-ce qui t'ennuie?/What's annoying you?

Object
Qui? Qui est-ce que? . . . Who(m)?
Qui attendez-vous?/Qui est-ce que vous attendez? Who(m)
are you waiting for?

Que? Qu'est-ce que? . . . what?
Que voulez-vous?/Qu'est-ce que vous voulez? (No inversion
after long forms) What do you want?

5 Quel/lequel

N.B. watch agreement

Masc. sing.	Fem. sing.	Masc. pl.	Fem. pl.	
quel	quelle	quels	quelles	which/what + noun
lequel	laquelle	lesquels	lesquelles	which/one(s), standing alone

Quel âge as-tu?	How old (what age) are you?
De **quelle** couleur est ta voiture?	What colour is your car?
Quels sont les inconvénients?	What are the disadvantages?
Quelles matières aimes-tu?	Which (school) subjects do you like?
Quel genre de/**Quelle** sorte de/	What kind of/sort of . . ?
Quelle espèce de . . .?	
(le livre . . .) **Lequel** préfères-tu?	Which (one) do you prefer?
(les tasses . . .) **Lesquelles** voulez-vous?	Which (ones) do you want?

6 Interrogative words after prepositions

À qui est le livre?	Whose is the book?
Avec qui es-tu allé(e) au cinéma?	Who(m) did you go to the cinema with?
De quoi as-tu besoin? (avoir besoin DE)	What do you need?
À quoi t'intéresses-tu?	What are you interested in?

Dans quoi vas-tu mettre ces documents? Dans un tiroir.
What are you going to put these documents into? Into a drawer.
Depuis quand/depuis combien de temps attendez(-iez)-vous?
How long have (had) you been waiting?

7 Impersonal verbs

Il y a:	Qu'est-ce qu'il y a/Qu'y-a-t-il dans ton salon?
	What's in your lounge?
Falloir:	Faut-il changer de train?/Faut-il que nous changions de train?
	Must we change trains?
Être + adj.:	Est-il possible de réserver à l'avance?
	Is it possible to book in advance?
Valoir:	Vaudrait-il la peine de le réparer?
	Would it be worth the trouble repairing it?

Note also: Ta maison **te plaît**? Do you like your house?
(Your house pleases you?)
Les feuilletons **te plaisent**? Do you like (T.V.) serials?
(The serials please you?)

8 Polite question forms

Vouloir
Voulez-vous ouvrir la fenêtre?   Will you open the window?
Voudriez-vous ouvrir la fenêtre?   Would you (please) open the window?

Note also: Veuillez ouvrir la fenêtre.   Kindly open the window.
(in fact a polite command)

Pouvoir
Peux-tu m'aider?	Can you help me?
Pourrais-tu m'aider?	Could you (please) help me?
Ça vous dérange si j'ouvre la fenêtre?	Do you mind if I open the window?

9 Note these expressions:

Qu'est-ce que c'est?	What's that?
Qu'est-ce que c'est la paella?	What's paella?
Qu'est-ce que c'est que ça?	What's that? (pointing/emphatic)
Qu'y a-t-il?/ Qu'est-ce qu'il y a?/ Qu'est-ce que tu as?	What's the matter?/ What's up?

Qu'est-ce qu'il/elle est devenu(e)?	What has become of him/her?
Qu'est-il/elle devenu(e)?	
Quoi de neuf?	Anything new? What's new?

10 Response to negative questions/statements: si . . . yes

N'as-tu **pas** d'argent? - **Si**, je viens de recevoir mon salaire.
Haven't you got any money? - **Yes**, I've just received my salary.

Also: si means *if*; *si* means *so* + adjective *(18.4)*

11 Note these exlamations

Quelle belle voiture!	What a beautiful car!
Quel dommage!	What a pity!
Comme/qu'elle est jolie!	How pretty she is!
Comme/qu'il fait froid!	How cold it is!
Quoi!/Comment! Tu l'as oublié!	What! You've forgotten it!

12 N'est-ce pas . . .? Isn't he/she? Won't they? etc.

Il est arrivé, n'est-ce pas? . . . He's arrived, **hasn't he?**
Il arrivera demain, n'est-ce pas? . . . **won't he?**

13 Other idiomatic question forms

Many and various, e.g. Asking the way *(6.8)*; Eating in a restaurant *(9)*

1 Topic-by-topic presentation

(a) Word groups

These encourage **word association** and the learning of
vocabulary in **context** and in authentic situations.
For example *le billet/un aller-retour/le guichet/le quai/le
train* are ordered as a unity in your mind, and useful words
such as *le guichet* (which is quite unlike ticket office!) sink
in along with the easier words such as *le train*.

(b) Word families

When you go shopping in France you will soon realise that
the *vendeur/vendeuse* (salesperson, from *vendre*) is selling
you the goods, which are in fact *achats* (purchases, from
acheter).

Here are some other examples of **word chains:**

boulanger -ère . . . boulangerie	baker . . . bakery
jouer . . . joueur -euse . . . jouet	to play . . . player . . . toy
rapide . . . rapidement . . . rapidité	rapid . . . rapidly . . . speed
geler . . . congélateur . . . surgelés	to freeze . . . freezer . . . frozen food
étudier . . . études . . . étudiant(e)	to study . . . studies . . . student

2 Building on the basics

Once you have a reasonable range of general vocabulary at
your command, you can build on your knowledge by being
aware of other clues at your disposal.

(a) Words with the same spelling as English

accident, champion, fruit, permanent, télévision, etc.

(b) Similar spelling, but with different endings

person-NE . . . letters added to the English
industrIE . . . corresponds to English -y
sériEUX . . . corresponds to English -ous
adore-R . . . same stem as the English
utilisANT . . . represents the English -ing

Note these diminutive endings
cigarETTE . . . smaller than a cigar
camionETTE . . . small lorry/delivery van

(c) Prefixes and compounds

PRÉhistoire . . . before (recorded) history
REvenir . . . to come back (again)
EXporter . . . to carry away from
INutile . . . not useful
DÉranger . . . to disarrange/upset

demi-heure	*half* an hour
à *mi*-jambes	up to the knees
	(*half* way up the legs)
sous-développé	*under*developed
*sur*charger	to *over*load

*re*connaître	to recognise	*dé*crire	to describe
*ap*prendre	to learn	*pour*suivre	to pursue
*ob*tenir	to obtain	*de*venir	to become

(d) Clues from accents

Circumflex (ˆ) and acute accent (´) often suggest an absent **s**

à la hâte	in haste	état	state
vêtement	clothing (vestment)	étalage	stall
maître	master		
côte	coast		
croûte	crust		

(e) Words borrowed from English: Franglais

le weekend	le football
le sandwich	le babysitting
le shopping	le snack (-bar)
le pull(-over)	un hot dog
un (blue-)jean(s)	le bulldozer
le brunch	le gas-oil

Borrowed words with different meanings

les chips	crisps
le shampooing	shampoo
le footing	jogging
le parking	car park
le brushing	blow-wave
le smoking	dinner jacket

Note these words borrowed from French:

restaurant, hors d'œuvre, souvenir, café, coup (d'État)

(f) 'Literal' words

aéroglisseur . . . 'air-slider' . . . hovercraft
contrevent . . . 'against wind' . . . shutter
paraCHUTE . . . 'against falling' . . . parachute
paraPLUIE . . . 'against rain' . . . umbrella
paraSOL . . . 'against sun'. . . parasol

Also 'compound nouns'
la garde-robe . . . wardrobe
un ouvre-boîtes . . . tin-opener
un tire-bouchon . . . corkscrew

(g) Words with several meanings

French — English
marcher . . . to work/function; to walk
passer . . . to spend time; to pass by; to take an exam (être
reçu à is to pass an exam) *(3)*
se baigner . . . to have a bath; to bathe/have a swim
voler . . . to steal; to fly
occupé . . . busy; engaged (telephone/lavatory); occupied
(seat)

la direction . . . direction; management; steering (car)
la pièce . . . room; coin; piece; (theatre) play
la pièce de rechange . . . spare part
une entrée . . . way in; entrance hall; first course in a meal
un café . . . coffee; café
la ficelle . . . string; loaf thinner than a baguette

English — French
to spend . . . passer (time)   dépenser (money)

Words whose meanings change by adding accents
la pâte . . . le pâté   paste; pastry . . . pâté
la côte . . . le côté   coast; rib . . . side
des . . . dès . . . les dés   some . . . as from . . . dice

Same spelling; different meaning

l'été . . . (j'ai) été   summer . . . (I have) been

(h) False friends: faux amis

assister à . . . to attend   *éventuel . . . possible*

(i) Grammatical changes that may surprise

Plural forms
les généraux, the generals; les yeux, from un œil

Feminine forms
opératrice, from opérateur; fraîche, from frais

Verbs and tenses
nous sommes, from être; sachons, from savoir

21

1 Examples of popular usage and slang

la bagnole	car; motor
balancer	to 'grass' to the police
des balles (f.)	francs
du fric	dosh; dough
bouffer	to have some grub
le boulot; le job	job
le bouquin	book
être branché	to be 'with it'/in the know
chiper; faucher	to pinch; to nick
le copain; le jules	boyfriend
la copine	girlfriend
être collé	to be in detention
le coup de fil	a phone call
crevé	whacked
dégueulasse	awful; revolting
le dico	dictionary
dingue	weird
c'est extra!	it's great!
le flic	cop; policemen
faire une gaffe	to make a mistake
la gueule	face; mouth
la gueule de bois	hangover
larguer	to drop (e.g. friend)
le machin; le truc	thing(umm)y
marrant	funny
le mec; le type	bloke; chap
moche	lousy; rotten
la nana	girl; bird
(ma) piaule	(my) pad; place
piger	to understand; to 'get it'
pincer; piquer	to cop; to catch
le/la pion(ne)	superviser; prefect
une bonne poire	a real mug
punaise	damn
sécher un cours	to bunk off a lesson
le tube	hit record
j'en ai marre; j'en ai ras le bol	I'm fed up
je m'en fiche/fous	I don't care; I don't give a damn
Ça te va? Ça te dit quelquechose?	Do you fancy that?

J'ai laissé des bouquins et du fric dans ma bagnole, et on me les a fauchés pendant que je bouffais.

2 Common abbreviated words

un appart(ement)	flat
une auto(mobile)	car
un (auto)bus	bus
un (auto)car	coach
le bac(calauréat)	'A' Level equivalent examination
un(e) dactylo(graphe)	typist
la diapo(positive)	slide (film)
un(e) exp(éditeur/ -trice)	sender (on the back of an envelope)
la fac(ulté)	uni(versity)
les math(ématique)(s)	math(ematic)s
la météo(rologie)	weather forecast
le métro(politain)	metro; underground railway
le micro(phone)	mike; microphone
la moto(cyclette)	motorbike
le/la prof (always *le* professeur)	teacher
la photo(graphie)	photograph
sympa(thique)	likeable; nice
la télé(vision)	television
le transat(lantique)	deckchair

3 *Abréviations* *abbreviations*

ANPE	Agence nationale pour l'emploi . . . unemployment office
BD	Bande Dessinée . . . comic strip
BNP	Banque Nationale de Paris
CAP	Certificat d'aptitude professionnelle
CAPES	Certificat d'aptitude au professorat de l'enseignement du second degré . . . qualified teacher's certificate
CEE	Communauté économique européenne
CES	Collège d'enseignement secondaire
CRS	Compagnies républicaines de sécurité
CV	Curriculum vitae
	Cheval-vapeur . . . horsepower
DEUG	Diplômes d'études universitaires générales . . . diploma obtained after two years at university
EDF	Électricité de France . . . electricity industry
EMT	Éducation manuelle et technique . . . Craft; CDT
F	Franc(s)
GDF	Gaz de France . . . gas industry
HLM	Habitation à loyer modéré . . . council housing
km	kilomètre
m	mètre
kg	kilo(gramme)
l	litre
L ès L	Licencié en les lettres . . . bachelor's degree
M	Monsieur
MM	Messieurs
Messrs	Messieurs
Mlle	Mademoiselle
Mme	Madame
MJC	Maison de Jeunesse et de la Culture . . . youth club
MLF	Mouvement de libération des femmes . . . Women's Lib
N15	(Route) Nationale 15 . . . equivalent to an 'A' road
D75	(Route) Départementale 75 . . . equivalent to a 'B' road
OTAN	Organisation du traité de l'Atlantique Nord . . . NATO
PCV	per-ce-voir . . . reverse charge call
PJ	Police Judiciaire . . . the police (serious crime)
P et T	Postes et télécommunications . . . Post Office and Telecom
PTT	Postes télégraphes téléphones
P.-S.	Post-scriptum . . . P.S. in a letter
RATP	Régie autonome des transports parisiens . . . Paris transport system (métro and buses)
RER	Réseau Express Régional . . . fast, longer distance underground railway network
R.-V.	Rendez-vous . . . appointment
RF	République française
RSVP	Répondez s'il vous plaît . . . please reply
TSVP	Tournez s'il vous plaît . . . (please) turn over
SA	Société anonyme . . . limited company; & Co.
SI	Syndicat d'Initiative . . . Tourist information office
SAMU	Service d'aide médicale d'urgence . . .
SMUR	Service Mobile d'urgence et de réanimation . . . ambulance with doctor
SNCF	Société nationale des chemins de fer français . . . French Railways
SS	Sécurité Sociale . . . social security
Sté	Société . . . society
St(e)	Saint(e) . . . saint
T.-A.	Toute l'année . . . all the year round
TDF	Télédiffusion de France
TGV	Train à grande vitesse . . . high speed train
t.t.c.	toutes taxes comprises . . . all taxes included
TVA	Taxe à (la) valeur ajoutée . . . VAT
ULM	ultra léger motorisé . . . micro-light (aircraft)
URSS	Union des Républiques Socialistes Soviétiques . . . USSR
v.f.	version française . . . film dubbed in French
v.o.	version originale . . . film in original language
WC	Water-closet . . . lavatory